인터넷에 매달리는 아동·청소년

_인터넷 매체에 매달리는 아이를 어떻게 도울 것인가?

| 아동과 청소년 문제해결 시리즈 5 |

인터넷에 매달리는 아동·청소년

인터넷 매체에 매달리는 아이를 어떻게 도울 것인가?

김유숙 · 최지원 · 홍예영 지음

이너북스

현대의
아이들은 태어나자마자 인터넷 세상을 경험한다고 해도 과언이
아닐 것이다. 옹알거리며 어른의 말을 따라 하기 시작하는 어린
나이부터 스마트폰_{인터넷}을 사용하는 것을 보고 배워 요새 아이들
의 일상에서 스마트폰 사용은 당연한 일이 되었다. 스마트폰이
삶 속에 깊숙이 들어오면서 많은 부모가 스마트폰으로 인해 자
녀와 실랑이를 벌여 본 경험을 이야기하며, 이로 인해 자녀와의
관계가 더 악화되었다고 호소한다. 부모들은 무작정 스마트폰을
사용하지 못하게 제지하는 것이 좋은 방법이 아니라는 것은 알
지만, 방법을 몰라 전전긍긍한다. 이 책은 스마트폰에 빠져드는
자녀로 고민하는 부모에게 조금이라도 도움을 주고자 하는 마음
에서 쓰게 되었다. 스마트폰에 빠져드는 자녀의 심리를 이해하

고, 자녀가 스마트폰을 '스마트하게' 잘 활용할 수 있는 방법을 부모들이 알고 자녀를 돕고자 하는 데 목적이 있다. 이 책을 통해 자녀 스스로 환경을 조절할 수 있는 힘을 기르도록 돕고, 자녀가 건강하게 성장하는 기쁨과 보람을 느낄 수 있게 되길 바란다.

공자는 일찍이 "學而時習之 不亦悅乎학이시습지 불역열호, 배우고 때때로 익히니 또한 기쁘지 아니한가."라고 하여 배우는 것은 기쁜 일이라고 하였다. 배움은 기쁜 일이고 우리는 더욱 기쁘고 만족스러운 삶을 살기 위해 배운다. 신체적인 기술, 인지적인 능력, 정서적 표현력 등 무엇이 되었건 간에 새로운 것을 배운다는 것은 나를 확장하고 내 영역을 넓혀 가는 일이다. 상담실에서 만나는 아동·청소년이 시도하기 꺼리거나 어려워하던 일을 해냈을 때, 또는 새로운 일에 익숙해졌을 때 우리는 공자처럼 감탄한다. "새로 배운 것을 열심히 연습해서 완전히 네 것으로 만드는 것, 얼마나 기쁘고 멋진 일이니!"

아이들이 새로 학습하는 것은 매우 다양하다. 특정한 신체적·인지적 기술을 배우기도 하고 사회적인 태도를 학습하기도 한다.

요즘 아동과 청소년은 인터넷이라는 매체를 통해 자신이나 타인과 소통하며 때로는 관계에서 새로운 전략을 사용해 보기도 한다. 어른에게는 익숙하지 않지만 아이들은 인터넷을 통해 자신의 삶이 보다 기쁘고 풍요롭고 만족스러워지는 데 기여하는 많은 것을 배운다는 점을 부정할 수 없다. 그렇다면 이것을 잘 활용하여 아이들이 성장할 수 있도록 하는 것이 부모나 교사인 우리의 역할이라고 생각한다.

우리는 아동과 청소년에 대한 지속적인 임상 경험을 토대로 이 책을 썼다. 그동안 다양한 사례를 경험하면서 부모들이 자녀의 어려움을 정확히 이해하지 못한 채 눈앞에서 벌어지는 여러 문제에 당황하는 것을 자주 보았다. 어떤 부모는 실제 문제보다 과장해서 바라보며 지나친 반응을 보이기도 하고, 어떤 부모는 무심히 지나쳐 버리기도 한다. 우리의 경험에 의하면 어느 쪽이든 부모가 자녀의 어려움을 정확히 이해하지 못하면 문제를 해결하는 데 도움이 되지 않는다.

우리는 아동·청소년을 둘러싼 가족이나 전문가에게 도움을 주고 그들과 관련 지식을 함께 나누고 싶다는 열망을 가지고, 상담 현장에서 자주 볼 수 있는 몇 가지 문제를 선택하여 '아동과 청소년 문제해결 시리즈'를 구성했다. 이 시리즈는 기본적으로 세 파트로 구성되어 있다. 첫 번째 파트는 각 문제 행동에 대한 정확한 이해를, 두 번째 파트는 이들을 돌보는 가족이나 전문가에 대한 조언을, 세 번째 파트는 이들과 상호 교류하는 데 유용한 여러 가지 놀이나 게임을 소개했다.

이 책의 출판과 관련하여 많은 분에게 감사한다. 아동과 청소년의 문제를 다루는 도서는 현장의 경험을 토대로 한 실제적인 부분이 다루어져야 한다는 의견에 동의하면서 책의 출판을 권유

해 준 학지사의 김진환 사장님과 세심하게 편집을 해 준 김서영 씨에게 감사드린다. 그러나 무엇보다도 우리에게 많은 지식을 준 내담자들이 없었다면 아무것도 할 수 없었을 것이다. '아동과 청소년 문제해결 시리즈'의 모든 지식은 그동안 우리와 함께했던 내담자들을 통해 배운 것이라는 점을 밝히면서 우리와 시간을 함께한 일일이 이름을 밝힐 수 없는 많은 분에게 감사를 전한다.

한스카운셀링센터에서
저자 일동

Part 3

인터넷 매체에 과의존하는 자녀와
가정에서 함께할 수 있는 활동들 138

Part 1

인터넷 세상에
열광하는 아이들

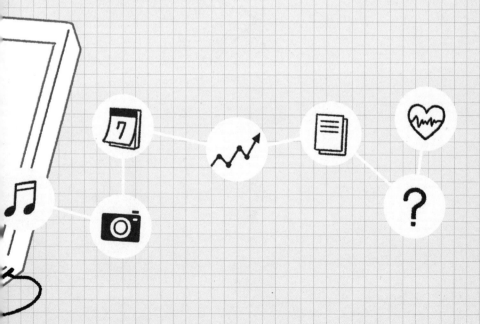

아이들의 인터넷 세상 제대로 알기

인터넷의 발달은 현대사회를 살고 있는 우리에게 많은 편리함을 가져다주었다. 편리함을 누릴 수 있게 되면서 사람들의 삶의 패턴도 예전과 달라졌다. 어른들은 매 시각 뉴스를 보는 편리함을 넘어서 이동하는 출근길 버스 안에서 장을 보고, 퇴근길 문 앞에서 물건을 받기도 하며, 굳이 은행에 가지 않고도 이동하는 전철 안에서도 은행 업무를 볼 수 있다. 자녀들은 백과사전의 도움 없이 인터넷 검색을 통해서 숙제를 할 수도 있으며, 학원에 가지 않아도 집에서 인터넷 강의를 들으며 공부할 수도 있다. 뿐만 아니라 친구들을 직접 만나지 않고도 실시간으로 대화를 주고받을 수 있다.

'인터넷'은 정보를 교환할 수 있도록 전 세계의 컴퓨터가 연결된 하나의 거대한 통신망이다. 컴퓨터, 노트북, 태블릿PC, 스마트폰 등을 통해 인터넷에 접속할 수 있다. 특히 시간적·공간적 제약을 받지 않고 인터넷 서비스를 이용할 수 있게 된 것은 스마트폰과 같은 스마트기기가 보급화되었기 때문이다. 스마트폰은 휴대전화의 기능과 인터넷을 사용할 수 있는 기능이 결합되어 있어 휴대전화 기능은 물론 인터넷 접속을 통한 데이터 통신 기능도 갖추고 있다. 쉽게 말하면, 휴대전화가 인터넷을 사용할 수 있는 컴퓨터의 기능을 가지고 있다는 것이다. 스마트폰을 갖고 있는 한, 그만큼 인터넷 사용이 시간과 장소의 구분 없이 자유로워졌다는 걸 의미하기도 한다. 또한 인터넷은 현재뿐 아니라 미래의 사회에서도 사람들에게 없어서는 안 될 도구가 될 것임이 틀림없다.

그러나 우리의 일상생활과 떼어 놓을 수 없는 편리함의 이면에는 언제나 예상치 못한 많은 문제가 존재한다. 인터넷의 발달 속도는 인터넷을 긍정적으로 활용할 수 있는 방법을 배우는 속도보다 빠르다. 이로 인해 인터넷 과다 사용으로 인한 발달상의 여러 가지 문제를 초래하고 있다. 특히 현 세대의 아이들은 태어나면서부터 인터넷 접촉이 가능한 시대에 살고 있다 하여도 과언이 아니다. 이에 상담 장면에서는 자녀가 인터넷을 과다 사용하면서 생활이 엉망이 되었다고 호소하는 부모들이 늘고 있다. 주로 컴퓨터를 사용해야만 인터넷을 이용할 수 있었던 과거와 달리 휴대폰이 생활필수품으로 부각되면서 스마트폰을 사용한 인터넷 이용은 일상화되었다. 이 같은 시대의 변화는 부모들에게 여러 가지 고민과 혼란을 안겨 주었다. 안심할 수 없는 세상이기에 부모들은 자녀에게 스마트폰을 제공해야 마음이 놓인다. 동시에 스마트폰을 자녀에게 주는 순간부터 아이가 인터넷에 빠져들게 되는건 아닌지에 대한 고민을 한다. 즉, 부모가 자녀의 물리적 안녕을 추구하는 순간 스마트폰으로 인한 또 다른 불안의 요소가 잠재되는 것이다. 아이들이 자그마한 기계 속 세상의 재미를 느끼게 되면서 아이들을 향한 부모의 불안과 걱정이 올라온다. "사 줘야 할까, 말아야 할까?" 스마트폰에 대한 부모의 딜레마가 시작되는 것이다. 어른과 달리 아이들은 한번 무언가에 빠지면 스스로 관리하기 어렵다. 또한 아이들은 문제에 대한 인식을 스스로 하지 못하기에 어른들의 관리와 도움이 필요하다.

1990년대 중반부터 인터넷의 발달은 가속화되어 2000년대 초반에 들어서 인터넷 사용자 수는 기하급수적으로 늘어났다. 그리고 2010년대에 들어서 인터넷 사용 도구는 PC에서 스마트폰으로 빠르게 이동하였다.

이에 따라 상담 장면에서 만나는 부모님들의 고민의 내용도 달라졌다. 10년 전만 해도 "우리 아이가 PC방에서 살아요. PC방에 가려고 제 돈을 훔치기 시작했어요."라는 이야기가 많았다. 최근에는 "밤늦게까지 이불 속에서 스마트폰을 하느라고 아침에 일어나지를 못해요. 학교를 안 간다고 자퇴를 하겠다네요." 등의 이야기로 고민의 내용 또한 컴퓨터에서 스마트폰으로 변화하였다.

한국정보화진흥원에서는 2004년부터 매년 인터넷 과의존 실태조사를 하고 있는데, 2017년부터 '인터넷 과의존 실태조사'가 아닌 '스마트폰 과의존 실태조사'로 명칭을 변경하였다. 또한 주목

할 점은 2014년부터는 만 3세 이상의 유아를 조사군에 포함시켰다는 것이다. 이는 인터넷 사용 수단이 스마트폰으로 이동되었으며, 사용자의 연령대가 그만큼 낮아졌음을 단적으로 보여 주는 예다. 스마트폰 사용자가 증가함에 따라 인터넷을 사용하는 연령이 예전에 비해 무척 낮아진 것으로 보인다. 스마트폰은 컴퓨터에 비해 접근성이 훨씬 용이하기 때문이다. 부모나 나이가 더 많은 형제자매가 사용하는 것을 어깨 너머로 배운 유아들은 한글을 떼기도 전에 스마트폰 사용이 꽤나 익숙하다. 몇 년 전, 부모와 자녀_{유아}가 함께하는 집단 놀이 프로그램에서 만난 3세 아이에게 집단 내에서 엄마와 함께하는 활동사진을 프린트해서 주었던 적이 있다. 엄마 품에 안겨 그 사진을 받아든 아이가 엄지와 검지 손가락을 사용하여 사진을 확대하려 하여 웃음을 자아냈던 기억이 난다. 아이에게는 프린트된 아날로그 사진을 보는 것보다 태블릿 PC나 스마트폰 화면을 통한 사진이 익숙했기 때문일 것이다.

인터넷을 사용할 수 있는 도구의 범위가 넓어진 만큼 어느 한 도구에 한정되어 인터넷을 사용한다고 말하기 어렵게 되었다. 스마트폰이 상용화되기 전만 해도 사람들은 컴퓨터를 이용하여 게임을 하였다. 그러나 이제는 '인터넷 게임'이란, 컴퓨터를 사용한 게임에만 국한되는 것은 아니다. 또한 컴퓨터에 의한 인터넷 사용 시간이 줄어든 만큼 스마트폰 사용 시간이 늘어났다는 연구 결과에서 알 수 있듯이 컴퓨터에 과의존하는 경향성과 스마트폰에 과의존할 경향성은 상관관계가 있음을 알 수 있다. 이는 인터넷 과의존 경향성에는 컴퓨터든 스마트폰이든 도구의 차이와는 큰 연관이 없음을 의미한다. 따라서 이 책에서는 '컴퓨터' '태블릿PC' '스마트폰'과 같은 도구의 개념에 초점을 두지 않고, 인터넷 접속을 할 수 있는 도구를 모두 아우를 수 있도록 '인터넷'이라는 용어를 사용하고자 한다. 따라서 '인터넷'이라는 용어를 자녀가 자주 사용하는 '컴퓨터' '스마트폰' 또는 '컴퓨터 게임' '스마트폰 게임' 등과 같은 용어로 대체하여 이해하면 될 것이다.

태블릿PC

스마트폰

인터넷

데스크톱

노트북

PC게임기

스마트폰, 게임, 컴퓨터, 태블릿PC 등 자녀가 자주 사용하는 도구를 대표하여 '인터넷'이라는 용어를 사용한다. 편의를 위해 부모-자녀의 관계를 염두에 두고 '유·아동, 청소년'을 아우르는 '자녀' 또는 '아이'라는 용어를 주로 사용하였다. 유·아동 및 청소년을 만나고 있는 독자들은 만나고 있는 연령의 대상으로 바꾸어 '학생, 유아, 아동, 청소년' 등의 용어로 대체하여 이해하면 된다.

정말 중독됐다고 말할 수 있을까?

인터넷 사용이 증가함에 따라 인터넷을 주제로 한 연구에서 사용하는 용어의 개념도 달라지고 있다. 인터넷을 자신의 의지로 끊지 못하고 오랫동안 사용하여 현 생활 유지가 어려울 정도로 문제가 된다는 개념으로 '중독'이라는 개념을 주로 사용해 왔다. 중독이란 어떤 일에 습관적이고 강박적으로 몰입하여 그로 인해 자신에게 심각한 문제가 일어남에도 불구하고 통제하지 못한 채 지속적으로 찾게 되는 것을 의미한다. 과거에는 '약물 중독, 알코올 중독'처럼 어떤 물질이 우리 몸에 유입되어 정상적인 기능을 방해하는 현상을 설명하는 용어로 사용되었지만, 근래 들어 '도박 중독, 인터넷 중독, 쇼핑 중독'처럼 물질이 아닌 어떤 행동 및 행위에 집착해 끊지를 못하는 것도 중독에 포함하였다. 2000년 중반까지 인터넷 관련 연구에서는 '중독'이라는 용어를 사용하였다. 많은 부모가 "우리 아이가 인터넷 중독인 것 같아요." "게임에 중독되었어요."라고 표현할 정도로 중독이라는 용어는 일상화되었다.

중독의 개념을 이해하기 위해서는 뇌 기능에 대한 간단한 이해가 필요하다.

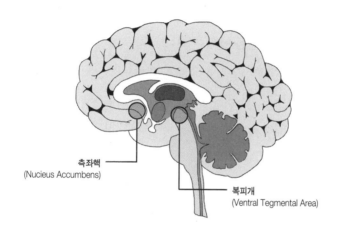

측좌핵
(Nucieus Accumbens)

복피개
(Ventral Tegmental Area)

[즐거움을 관장하는 뇌 영역]

우리의 뇌 속 쾌락 중추측위 신경핵, 배쪽 피개구역, ventral tegmental area라고 불리는 부위가 자극되면 흥분되고 만족감을 느끼게 된다. 우리가 흔히 알고 있는 신경전달물질 중 엔도르핀, 도파민은 쾌락 중추를 자극해 기분을 고양시키는 기능을 한다. 약물이나 알코올과 같은 물질이 몸에 흡수되면 뇌에 도파민을 분비시킨다. 따라서 약물이나 알코

올을 섭취하면 일시적으로 기분이 좋아지게 된다. 쾌락 중추가 이러한 물질로 자극되기 시작되면 도파민 수용체의 기능이 저하되어 더 많은 강한 자극을 필요로 하게 된다. 결국 쾌락 중추는 스스로 일을 할 수 없게 되고 외부의 더 큰 자극을 더욱 갈망하게 되어 더 많은 양의 약물이나 알코올과 같은 물질이 아니면 만족할 수 없는 상태에 이르게 된다. 이것이 바로 '중독'이다. 그러나 엄밀히 말하면 인터넷과 게임은 물질이 아니기 때문에 물질 중독의 개념과 같은 의미로 이해하는 것은 적절하지 않다. 실제로 미국정신의학회 『정신질환의 진단 및 통계 편람DSM-5』에 명시된 '물질관련 및 중독장애'에는 인터넷 중독이 포함되어 있지 않다. DSM-5의 '물질관련 및 중독장애'의 하위 범주인 비물질관련 장애 범주에는 도박장애Gambling Disorder가 포함되어 있을 뿐이다. 도박 행위는 물질로 인한 중독은 아니지만 그 행위를 함으로써 일어나는 특징이 물질 중독의 특징과 흡사하다는 것 그리고 개인의 사회적 기능을 파괴하는 데 매우 중요한 이슈가 될 수 있으므로 병리학적 중독에 포함한 것이다. 그러나 '인터넷 중독'의 경우에는 아직 이와 같은 특징이나 이슈가 명확히 밝혀지지 않고 있다. 따라서 일부 연구자들은 인터넷 및 게임의 부정적 측면만 부각시킨 '중독'이라는 말 대신에 '과몰입'이라는 용어를 주장하기도 한다.

　'몰입Flow'이라는 용어는 미하이 칙센트미하이Mihaly Csikszentmihalyi라는 심리학자에 의해서 제기되었다. 그의 이론에 의하면 '몰입'이란 어떤 행위에 깊게 몰두하여 시간의 흐름 또는 장소, 자신에 대한 생각까지도 잊게 만드는 심리 상태다. 자신이 하고 있는 일에 빠져들게 만든다는 시각에서 본다면 '게임에 몰입한다'고 볼 수 있겠지만, 몰입 이론에 의하면 몰입 경험은 외적 보상을 위해서가 아니라 몰입 자체를 추구한다는 것을 전제로 한다. 일확천금을 노리며 도박을 하는 것, 레벨을 올리고 재미를 얻기 위해서 게임을 하는 것과는 다르다. 어떤 아이가 한 시간 이상을 앉아서 레고를 조립하며 몰입하는 것은 레고 조립을 완성한 후 용돈을 받기 위해서가 아니라, 레고를 조립하는 그 자체가 이미 보상이 되기 때문에 외적 보상을 주는 것이 큰 의미가 없다. 그러나 인터넷을 하거나 게임을 하는 것에는 아이템 획득, 레벨의 상승 등의 여러 외적 보상이 존재한다는 점에서 몰입의 경험과는 차이가 있다. 또한 몰입은 자신이 열정적이고 적극적으로 무언가를 해냈다는 긍정적인 감정을 경험하게 한다. 그러나 인터넷을 과다 사용한 이후에는 행복 경험보다는 부정적 감정 및 주변과의 갈등이 생성된다는 점에서 몰입과는 엄연한 차이가 있다. 학계에서도 '몰입'과 '과몰입'의 경계를 어떻게 지을 것이냐는 문제가 제기되고, 과몰입에 대한 연구가 여전히 부족한 상태로 용어의 정의에 어려움이 있다.

인터넷은 적절히 활용한다면 현대 인류에게 없어서는 안 될 중요한 도구다. 문제는 과도하게 사용했을 때 발생된다. 한국정보화진흥원은 2015년부터 인터넷 또는 스마트폰에 대한 실태조사에서 기존의 '중독'이라는 개념을 대신하여 '과의존'이라는 개념을 채택하였다. 2017년 조사에서 사용된 과의존 개념을 살펴보면, 과도한 스마트폰 이용으로 스마트폰에 대한 현저성이 증가하고, 이용 조절력이 감소하여 문제적 결과를 경험하는 상태로 보고 있다. 최신 연구의 흐름에 따라 이 책에서도 '중독, 과몰입'이라는 용어 대신에 인터넷을 과도하게 사용하여 일상생활에 부정적 영향을 미친다는 의미로 '과의존'이라는 용어를 사용하고자 한다. 인터넷을 오래 사용하는 자녀에게 "너, 중독된 것 같아."라고 말하는 것보다 "너무 지나치게 하는 것 같다."라고 말하는 것이 자녀에게 거부감을 덜어 주어 자녀와의 관계에도 더 도움이 될 것이다. 관계를 해치지 않으면서 인터넷 사용에 대해 가르치기 위해서는 인터넷 사용을 부정적인 측면에서만 보는 것이 아니라, 인터넷에 지나치게 의존하게 되는 자녀의 심리를 이해하는 것이 선행되어야 한다. 다음으로 인터넷에 과의존하는 경우 자녀가 받는 영향을 살펴보고, 자녀가 인터넷을 적절히 잘 사용할 수 있도록 어떻게 도와줄 수 있을 것인가에 초점을 맞추고자 한다.

스마트폰은 아이들 삶의 일부다

스마트폰의 개발과 보급으로 인터넷을 사용하는 환경에 제약이 없어졌다. 자연스레 아침에 눈을 뜨는 순간부터 잠자리에 들 때까지 인터넷은 생활의 일부분이 되어 버렸다. 다음은 상담 장면에서 만났던 아동과 청소년에게 스마트폰 사용에 대한 하루의 일과를 소개해 달라고 한 이야기를 담은 내용이다.

스마트폰과 함께하는 하루 일과

* 친구 관계에 어려움이 있어 방문한 초등학생 선영이 이야기

➠ "음…… 저는 별로 안 하는 것 같은데…… 아침에 알람 울리면 핸드폰 끄고요. 근데 엄마가 거의 깨워 주세요. 일단 핸드폰으로 시간을 확인하고, 학교 갈 준비해요. 학교 가면 핸드폰 꺼야 해요. 남자 애들은 몰래 꺼내서 쓰는 애들도 있는데, 여자 애들은 쉬는 시간에 춤추고 놀거든요. 저는 춤을 잘 못 춰서…… 애들하고 못 놀아요. 그냥 앉아 있다가 수업 끝나면 방과 후 하러 가요. 그리고 집에 오면 엄마, 아빠가 퇴근을 안 하셔서 집에서 핸드폰 해요. 카스(카카오스토리)에 사진 올리고요. 페북(페이스북)도 하는데, 그건 다른 애들 거 구경만 해요. 액괴(액상괴물 만드는 액체 놀잇감) 만드는 거 알려주는 동영상도 보고, 미니어처 보여 주는 동영상도 있거든요. 유튜브 보다

보면 엄마, 아빠 퇴근해서 밥 먹고요. 제가 외동이라서 집에서 할 일이 없어요. 엄마, 아빠랑 얘기할 것도 없고요. 그래서 밤에 잘 때까지 게임하고 유튜브 보다가 자요. 전 진짜 별로 안 하는 편이에요. 애들은 막 게임 진짜 많이 하거든요."

* 잦은 지각으로 학교에서 의뢰된 중학생 태호의 이야기

⟶ "제가 생각했을 때 전 게임을 많이 하는 거 같아요. 근데 컴퓨터로 안 하고 스마트폰으로요. 컴퓨터는 엄마가 못 하게 잠가 놨어요. 그래서 스마트폰으로 게임하거나, 아니면 제가 좋아하는 게임 동영상 봐요. 저녁에 그거 보다가 늦게 자면 아침에 진짜 일어나기 힘들어요. 일주일에 한 세 번은 지각하는 것 같아요. 지각비 진짜 많이 냈어요. 저는 학원 다니는 데가 없어서 학교 끝나면 학원 안 가는 애들이랑 같이 피방(PC방) 가요. 거기서 롤 하는데, 요새 재미가 없어요. 애들이 다 오버워치로 떠났거든요. 오버워치는 딱 피방에서밖에 못 하는데, 저는 집에서 연습할 수가 없으니까 못할 수밖에 없잖아요. 롤은 제가 예전에 진짜 많이 해 놔서 레벨도 젤 높고 젤 잘하는데……. 그래서 요새는 그냥 집에 와요. 와서 우선 자고, 일어나서 스마트폰으로 카카오 게임하고, 롤 동영상 보기도 하고요. 그렇게 밤에 엄마, 아빠 올 때까지 하다가 이불 속에서 하다가 자요."

소개된 사례에서 만난 아동과 청소년은 스마트폰에 과의존하는 것처럼 보이나 이런 문제로 상담 센터에 온 것은 아니다. 정도의 차이가 있겠지만 스마트폰을 사용하는 아이들 대부분이 아침에 일어나서 밤에 눈을 감기 전까지 늘 스마트폰을 휴대하고 있다. 어른의 관점에서 보면 아이들이 하루 종일 스마트폰을 붙들고 있는 것처럼 보이지만 요즘 아이들은 스마트폰을 자신의 일부로 여긴다. 따라서 무조건 제한하고 사용하지 못하게 하는 것은 좋은 방법이 아니다. 부모들이 '어떻게 인터넷을 못 하게 할 수 있을까?'라는 질문에만 매몰되면 자녀와의 관계를 해칠 수 있기 때문이다. 따라서 인터넷 사용 문제로 자녀와 사이만 안 좋아진 경험을 해 본 부모님들과 함께 '어떻게 하면 자녀와 이 문제를 현명하고 지혜롭게 다룰 수 있을까?'에 대해 고민해 보고자 한다.

인터넷에 푹 빠진 아이들은 '무엇 때문에, 왜?' 그것으로부터 헤어 나올 수 없게 될까? 그것은 인터넷이 가진 특성이 매력적이기 때문이다. 그 부분을 이해하고 인정한다면, 자녀의 편에 서서 인터넷을 적절히 사용할 수 있는 방안을 마련하기 쉬워진다.

인터넷에 과의존하게 되는 원인

스마트폰의 보급화로 인터넷 사용은 아주 어린 나이의 유아에게까지 대중화되었다. 어쩔 수 없이 자녀에게 스마트폰을 마련해 주게 될 수밖에 없는 세상의 변화로 인터넷 사용의 진입 장벽이 낮아졌다. 몇 년 전 자녀에게 스마트폰을 사 줘야 할지 말아야 할지 고민하던 부모님의 이야기가 생각난다.

"스마트폰이 없어서 친구들 대화에 낄 수 없다고 해서 고민이에요. 반에서 한두 명 빼고 다 스마트폰이 있으니까 단체 톡방을 만들어서 대화에 참여하지 않는 아이를 흉보기도 하더라고요. 아이가 왕따가 되진 않을까 걱정이에요. 그래서 사 줘야 하나 고민이에요."

스마트폰을 가진 아이들은 무료 와이파이가 터지는 곳이라면 어디서든 인터넷을 접할 수 있고, 쉽게 게임의 매력 속에 빠져든다. 스마트폰을 가지게 되는 연령이 낮아지면서 유아도 쉽게 인터넷을 즐길 수 있게 되었다. 게다가 기술의 변화는 나날이 발전하여 그래픽 및 사운드 품질 사양마저 좋아졌다. 게임을 하는 데도 실제 같은 그래픽 요소, 웅장한 사운드를 통해 즐거움을 배로 누릴 수 있다. 컴퓨터 및 스마트폰 사양이 좋아짐에 따라 게임이 주는 즐거움이 더 커져서 더 몰두하게 된다.

인터넷 과의존에 영향을 미치는 연구들에 대한 메타분석 결과를 살펴보면 다음과 같이 크게 세 가지로 나누어 볼 수 있다.

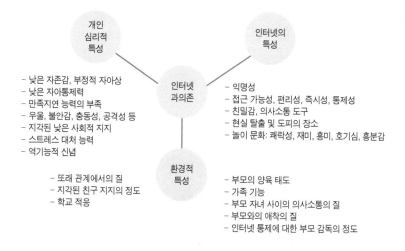

하나는 인터넷이 가지는 특성 그 자체다. 스마트폰은 인터넷 사용 매체 중 하나이지만 컴퓨터에 비해 대인관계 지향적인 성격을 갖고 있으며, 언제 어디서나 사용할 수 있는 편리성과 접근성, 또 사용하는 사람의 특성에 따라 어플을 선택할 수 있다는 점에서 다양성이 있다. 사실상 컴퓨터보다도 더욱 과의존하게 되는 요소를 갖추고 있다는 의미이기도 하다. 인터넷에 대한 여러 학자의 연구를 보면 인터넷에 과의존하게 되는 원인 중 하나로 인터넷 자체가 가진 속성이 있다고 인정한다.

우선 인터넷이 가진 매력적_{긍정적}인 특성이 무엇인지 살펴보고, 자녀들이 빠져들 만한 매력이 인터넷에 있다는 것을 인정한다.

인터넷 자체가 가진 매력적인 특성

하나, 인터넷은 접근가능성, 편리성, 즉시성, 통제성의 특징을 가진다.

인터넷은 자신이 원하는 시간대에, 또 원하는 콘텐츠를 마음대로 이용할 수 있는 그 자체가 매력적인 특성이 된다. 인터넷은 언제 어디서나 사이버 세상으로의 접근을 편리하게 해 준다. 더욱이 스마트폰 개발로 원하는 어플을 통해 자신이 원하는 것을 더욱 빠르게 접할 수 있다. 이러한 접근 가능성은 인터넷 과의존을 높이는 요인이 된다. 예를 들어, 원하지 않는 콘텐츠인 인터넷을 이용한 학습 강의에는 과의존하게 될 가능성이 적지만, 원하는 콘텐츠인 게임에는 과의존하게 될 가능성이 높다. 인터넷에 누구나 접근하기 쉬워졌고, 쉽게 콘텐츠를 통제할 수 있기 때문이다. 또한 다양한 형태로 내가 원하는 것에 대한 반응을 즉시 얻을 수 있으며, 깊이 생각하지 않고 적은 노력으로 원하는 것을 얻을 수 있다. 이와 같은 특성들로 인해 참고 인내하는 것이 어려운 아동 및 청소년에게 인터넷은 더할 나위 없이 매력적이다.

둘, 인터넷은 재미있는 놀이 문화 중 하나다.

인터넷이 없었던 시대의 아이들이 고무줄, 얼음땡, 공기놀이를 하며 놀았듯이 인터넷은 현대사회의 아이들이 놀이하는 콘텐츠 중 하나가 되었다. 교실에서 삼삼오오 모여 여자아이들은 좋아하는 아이돌의 SNS나 유튜브 동영상에 대해서 이야기하기도 하고, 남자아이들은 인기 있는 게임과 게임 레벨에 대해서 이야기를 한다. 어떤 이유로든 인터넷을 하지 못하는 아이들은 친구들이 하는 이야기를 이해하지도 못하고 그 그룹에 끼는 것도 어렵다. 아이들이 인터넷 놀이 문화에 빠지게 되는 것은 인터넷이 가진 쾌락성 때문이다. 쾌락성은 인터넷이 제공하는 강화물이다. 도박, 쇼핑에서의 쾌락이 중독의 원인이 되듯 인터넷 또한 쾌락, 즉 '재미'는 강력한 강화물이다. 상담 현장에서 아이들에게 "게임하면 뭐가 좋니?"라고 물어봤을 때, "재밌잖아요!"라고 하는 대답이 가장 흔하다. 어쩌면 당연한 얘기일 수 있기에 지나칠 수 있는 가장 근본적인 이유다.

인터넷 게임을 통해서는 재미뿐만 아니라 성취감과 인정을 얻기도 하는데, 이 또한 과의존되기에 적합한 강화물 요인이다. 게임을 통해서 내 캐릭터의 성장에 따른 성취감을 맛볼 수 있다. 함께 이 게임을 하는 사람들과의 순위 경쟁에서 내 순위가 올라갈 때 짜릿함을 경험한다. 많이 하면 할수록, 많은 시간과 돈을 들일수록 내 순위와 게임 레벨은 올라갈 수 있다. 예전에는 학교생활에서 또래들에게 인정을 받는 영역이 '공부' '운동' '싸움을 잘 하는 것' 등이었다면 요즘은 게임에서 높은 순위에 올라갔다는 것만으로도 또래들 사이에서 인정받는 경험을 하고, 선망의 대상이 되기도 한다. 남자아이들 사이에서는 특히 '게임을 잘하는 것', 또는 '높은 레벨의 캐릭터가 있는 것'도 또래 친구들에게 인정받을 수 있는 요인이 된다.

셋, 인터넷은 누군가와의 공감대를 형성하게 도와준다.

인터넷 밖 현실 세상에서는 그룹을 형성할 수 있게 도와주며, 인터넷 속 메신저를 통해서는 내가 어떤 그룹에 속해 있다는 소속감을 가질 수 있게 해 준다. 다른 사람이 SNS의 '좋아요' '추천' 등을 눌러 주면 나의 의견이 지지받고 있다는 기분을 느끼고, 나도 그 사람에게 '좋아요'를 눌러 주면서 둘만의 소속감과 공감대를 형성하게 된다.

또한 클릭 한 번으로 모르는 사람과도 친구가 되는 경험을 한다. 내 글과 사진에 '좋아요'를 눌러 주는 사람이 누구인지, 내가 눌러 주는 '좋아요'를 받는 사람이 누구인지는 중요하지 않다. 모르는 사람이 눌러 주는 '좋아요'에도 결속감을 느끼고 공감대를 형성할 수 있다. 공감대의 형성은 메신저나 SNS뿐만 아니라, 함께 게임을 하는 사람 사이에서도 느낄 수 있다. 같은 게임에 누가 관심을 갖고 함께 그 게임을 하고 있는지를 리스트로 보여 주기 때문에 같은 게임을 한다는 그 자체만으로도 친밀감을 맛볼 수 있다. 카카오 게임에서는 서로에게 게임을 할 수 있는 동전에 해당하는 '하트'를 보내 주면서 함께하고 있다는 암묵적 지지와 격려를 해 준다. 얼굴도 모르는 사람들끼리 편이 되어 PC게임 속 몬스터를 무찌르기 위해 하나가 된다. 그 순간만큼은 전쟁터 속 전우가 된다. 나아가 가상공간에서 자주 만나는 사람들끼리 오프라인 모임을 만들어 만나기도 한다. 공통의 취미로 하나가 되기 때문에 만나서 이야기하는 것에 어색함이 없다.

넷, 인터넷은 익명성이라는 특성을 갖는다.

인터넷이 가진 익명성으로 인해 내가 누구인지 드러내지 않고도 게임과 같은 놀이에 참여할 수 있다. 실제로 만나서 얘기하지는 않지만, 카카오톡과 같은 메신저를 통해서 언제든 사람들과 즐겁게 대화할 수 있다. 카카오스토리, 페이스북이나 트위터 같은 SNS를 통해 다른 사람의 사생활을 엿보기도 한다. 인터넷의 익명성은 내가 굳이 어떤 사람인지 밝히지 않아도 되기 때문에 대인관계에 자신감이 없는 사람에게 좋은 소통의 수단이 되기도 한다.

다섯, 인터넷 가상공간은 현실 도피의 공간이 될 수 있다.

스마트폰을 하다 보면 시간이 훌쩍 지나가는 경험을 하게 된다. 게임을 하고, 다른 사람의 SNS를 구경하고, 인터넷 기사를 읽고, 유튜브 동영상을 보다 보면 말이다. 어떤 목적이 있어서 한다기보다는 "심심하니까요."라고 대답하는 아이들이 많다. 어른들은 보통 그 시간에 공부하기를 원하지만, 공부는 두뇌를 써야 하는 어려운 활동이다. 심심할 때 무언가를 하기에는 가만히 누워 손가락만 까딱까딱하면서 시간을 보내는 활동처럼 쉬운 일이어야 한다. 게다가 공부는 너무나 재미없는 활동이지만, 스마트폰 게임은 재미까지 있다. 인터넷을 하는 그 순간만큼은 그것에 몰두해 공부나 시험과 같은 현실에서의 어려움으로부터 도피할 수 있어 불안감을 느끼지 않을 수 있다.

그러나 만약, 인터넷이 가진 특성만이 과의존의 원인이 된다면 모든 아이들이 인터넷에 의존해야 한다. 그러나 실상은 그렇지 않기 때문에 인터넷에 몰두하는 개인의 심리적인 특성이 존재할 것이라는 추측을 해 볼 수 있다. 그렇다면 각 개인이 가진 심리적 특성은 어떻게 형성되는 것일까? 기질적으로? 유전적으로? 물론 그러한 요인을 가지고 있을지라도 개인을 둘러싼 주변의 환경적 자원이 어떠한가에 따라 그러한 심리적 취약성이 발현될 수도, 아닐 수도 있다.

여러 가지 질문을 갖고 연구자들이 연구한 여러 결과를 종합해 본 결과, 콘텐츠의 특성이 인터넷에 과의존하게 되는 직접적인 원인은 아니며 개인의 특성, 환경의 특성이 존재한다는 결론에 다다른다.

인터넷에 과의존하는 개인의 특성

실제로 인터넷 과의존에 영향을 미치는 요인으로 개인의 심리적인 특성을 밝힌 연구가 많이 있다. 이들 연구를 살펴보면 인터넷에 보다 더 과의존하기 쉬운 특성 및 성격적인 요인이 있음을 알 수 있다. 축적된 연구 결과 내용 중 중복되는 특징을 요약하면 다음과 같다.

낮은 자아존중감, 부정적 자아상

"엄마, 아빠, 나는 내가 마음에 들지 않아요."

자신에 대한 '낮은 자존감, 부정적 자아상'이 인터넷 과의존에 영향을 미친다니 다소 의아할 수도 있을 것이다. 인지행동심리학자들은 인터넷 과의존의 과정을 설명하기 위한 여러 연구를 통해 인터넷 과의존의 인지행동 모형을 개발하였다. 이에 따르면 자기 자신에 대한 부정적 사고를 가지고 있는 사람의 경우, 이를 긍정적 반응으로 바꾸기 위해 인터넷을 사용한다고 한다. 쉽게 예를 들면, 자존감이 낮은 청소년이 자기 자신에 대해서 '나는 외모도 볼품없고, 공부도 잘하지 못하고, 친구들에게 인기도 별로 없는 것 같아. 나는 잘하는 게 없는 것 같아.'라는 식으로 자신을 비하하는 부정적 자아상을 가지고 있다. 어느 날, 인터넷을 통해 가상세계 속에서 자신이 할 수 있는 또 다른 능력을 발견하게 된다. 그것이 그저 재미있는 게임을 통해서 시작됐을지라도 게임을 하다가 레벨이 올라가는 경험을 하게 되고, 다른 친구들로부터 관심을 받게 된다. SNS를 통해서 주목을 받고, 예쁘게 또는 멋지게 꾸민 프로필 사진을 올리면서 자기 자신이 인정을 받는 경험을 하게 된다. 주목받고 인정받는 경험은 '강화물'이 된다. 강화물은 한 개체의 어떤 행동이 앞으로 지속적으로 일어나게 하는 가능성을 높여 준다. 만약 SNS에 다른 친구들의 관심을 끌 만한 것이라 생각한 것을 올렸는데 한 번도 '좋아요'를 받지 못한 아이는 SNS에 무언가를 올리는 것에 흥미를 잃고 시들해질 수 있다. 칭찬이나 인정과 같은 보상이 오지 않으므로 그 행동을 계속할 만한 이유가 없기 때문이다. 그러나 반대로 가상세계에서 현실세계에서 받지 못하는 인정과 관심을 받는 경험을 하게 되면 그 긍정적 느낌에 사로잡혀 인터넷에 과의존하는 행동을 지속적으로 반복할 가능성이 높아진다. 그렇게 현실에서 깨지기 쉬운 가짜 자아상을 만들어 간다. 자존감을 극복하기 위한 도구로 인터넷을 하기 시작하였지만 현실의 세계에서는 스스로를 더욱 고립된 공간으로 만들게 되어 더욱더 가상의 세계에 몰입하게 되는 악순환을 겪게 된다.

낮은 자아통제력 및 만족지연능력

"참고 기다리는 것이 힘들어요."

인터넷 과의존에 대해서 많은 학자들이 연구한 결과, 한 개인의 자기를 통제하는 능력이 큰 영향력을 미치는 것으로 나타났다. 자신의 행동을 조절하고 통제하는 능력이 적을수록 인터넷에 쉽게 과의존하게 된다는 것이다. 통제력이 낮을수록 인터넷을 사용하지 못해 오는 결핍감을 견디지 못하고 인터넷을 사용함으로써 얻어지는 눈앞의 이득을 쉽게 취하고자 한다.

1960년대 미국의 월터 미셸Walter Michel 교수는 4세 아이들에게 한 개의 마시멜로를 먹지 않고 참으면, 하나의 마시멜로를 더 주겠다고 약속하고 방을 나가는 실험을 실시하였다. 실험실 밖에서는 15분 동안 연구자가 방을 비운 사이에 아이들이 어떻게 행동하는지를 몰래 관찰하였다. 모든 아이들은 한 개를 먹지 않고 참으면 마시멜로를 하나 더 먹을 수 있지만, 모든 아이가 15분을 버틴 것은 아니었다. 실험의 내용은 자신이 먹고 싶은 욕구를 참고 만족지연한 아이들과, 그렇지 않고 마시멜로를 낼름 먹어 버린 아이들과의 차이를 십몇 년 후에 종단 연구하는 것이었다. 눈앞의 마시멜로에 흔들려 충동적으로 먹었던 아이들과 두 개를 먹기 위해 기다리고 참았던 아이들의 차이가 드러났다. 14년 후의 결과, 만족지연하며 기다렸던 아이들은 그렇지 못했던 아이들보다 SAT미국의 대학입학 자격시험, Scholastic Aptitude Test 성적이 훨씬 높았다. 뿐만 아니라 또래 관계가 좋았고, 좌절에 인내하는 능력이나 문제를 해결하고 대처하는 능력이 더 높은 것으로 조사되었다. 이후의 연구에서 마시멜로 실험의 신뢰도와 타당성에 문제가 제기되기는 하였다. 만족지연능력에 영향을 미치는 다른 요인들을 간과한 점, 특히 가정환경의 영향을 무시했다는 점에서 비판을 받고 있다. 가정환경이

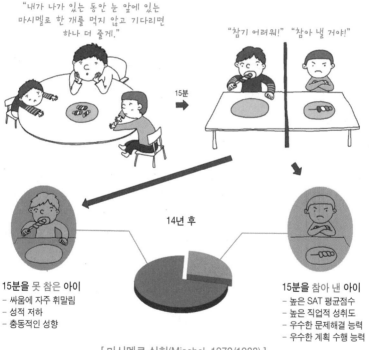

[마시멜로 실험(Mischel, 1972/1988)]

넉넉하지 못한 상황에서는 눈앞의 마시멜로를 지금 당장 먹지 못하면 이후에도 먹지 못할 가능성이 크다고 지각하기 때문이다. 중요한 것은 아이의 입장에서 보았을 때, 기다리면 다음에 준다고 약속한 마시멜로를 먹을 수 있을 거란 믿음이 있어야 한다. 결국 이것은 신뢰의 문제다.

우선 '네가 이것을 안 먹고 기다리면 하나 더 줄게. 그러면 너는 두 개를 먹을 수 있게 될 거야.'라는 어른의 말에 신뢰가 가야 한다. 어떤 아이는 '나중에 사 줄게. 조금만 더 참아.'라는 부모님의 말씀을 듣고 열심히 참고 기다렸으나 어떠한 이유에서든 '못 사 줄 것 같아.'라는 이야기를 듣게 될 수도 있다. 믿고 열심히 기다렸지만 보상이 주어지지 않아 '믿는 도끼에 발등을 찍힌 격'인 경험을 한 경우에는 굳이 기다릴 이유가 없어진다. '하나 더 준다는 말은 거짓말이야. 나는 눈앞에 있는 마시멜로 하나마저 못 먹게 될지도 몰라.'라는 믿음으로 눈앞의 것을 먼저 먹어 버리게 되는 것이다. 부모님의 편의에 의해 규칙이 시시때때로 바뀔 경우, 믿고 기다렸던 아이들의 바람은 번번이 좌절되기 쉽다. 부모의 상황에 따라 일관성 없는 규칙을 적용한다면 아이들은 굳이 참으며 기다려 봤자 손해를 보게 된다. 이러한 경험이 쌓이면 쌓일수록 부모에 대한 믿음이 없어지고, 나아가 자신의 주변에 대한 신뢰가 없어진다.

심리치료의 한 분야인 인지치료에서는 이를 '인지삼제'라는 용어로 설명하였다. 이는 나, 미래, 세상에 대해 믿지 못해 생겨나서 왜곡된 상태로 굳어진 믿음이다. '나-나는 잘 해낼 수 없을 거야.' '미래-나는 희망이 없어.' '세상-이 세상은 살기 힘들어.'라는 비합리적 신념이다. 살다 보면 그럴 때가 간혹 있긴 하지만, 그렇지 않을 때조차도 그렇게 굳게 믿고 있기 때문에 겁을 먹고 무언가를 새로 시작하는 데 걸림돌이 되고 만다. 그러나 타인_{외부}으로부터 긍정적인 피드백을 받으며 신뢰감을 쌓은 아이는 '세상'과 '나'에 대한 믿음이 생긴다. 세상은 곧 믿을 만한 곳이며, 나는 괜찮은 사람이기 때문에 무언가를 할 수 있는 힘이 있다는 것을 믿고 시도할 수 있게 된다. 자연스럽게 미래의 나에 대해서도 도전할 수 있는 용기를 갖게 된다. '내가 지금 열심히 하면 나중에 내가 원하는 사람이 될 수 있을 거야.' 그러나 나 자신에 대한 믿음이 스스로 생기지 않는다면 '내가 과연 해낼 수 있을까?'라는 생각으로 지금 무언가를 열심히 할 만큼 의지가 생기지 않는다. 미래에 대한 희망과 기대가 생기지 않으니 지금 현실에서 무언가 나를 위해서 열심히 살 이유도 없어져 버리는 것이다.

불안정한 심리 상태(우울, 불안 등)

"제 마음을 저도 모르겠어요."

상담 장면에서 만난 아이들을 통해 인터넷에 과의존하게 된 과정을 살펴보면 다음과 같은 그림의 순환적 관계를 확인하게 된다.

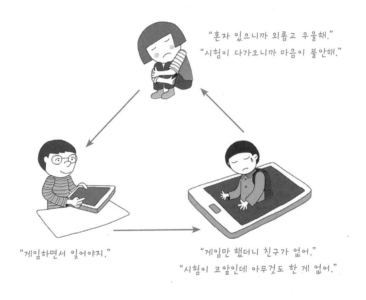

"혼자 있으니까 외롭고 우울해."
"시험이 다가오니까 마음이 불안해."

"게임하면서 잊어야지."

"게임만 했더니 친구가 없어."
"시험이 코앞인데 아무것도 한 게 없어."

처음에는 "친구가 없으니까요." "할 줄 아는 게 없어서요." "공부 때문에 스트레스를 풀려고요."라는 어떠한 불안정한 심리 때문에 인터넷을 시작하게 되었다고 한다. 인터넷과 게임은 일시적인 도피 효과를 가져와 즉각적인 효과가 있는 것처럼 느껴지게 만든다. 그러나 인터넷을 해도 현실은 변하지 않았다. 여전히 친구가 없어서 외로웠으며, 인터넷만 하다 보니 낮아지는 학업 성적에 자존감은 하락하였으며, 시험은 두려웠다. 그러한 현실을 받아들이기가 어려워 다시 인터넷을 하고, 악순환에 빠지게 되는 것이다. 이러한 패턴을 극복하지 못하고 반복하는 아이들이 많다.

특히 우울증은 중독에 관한 연구에서 자주 등장하는 요인으로 중독 증상과 밀접한 연관이 있는 것으로 평가되고 있다. 이는 인터넷 과의존에서도 마찬가지다. 인터넷 중독 척도를 만든 영Young, 1998의 저서 『Caught net』에서는 과의존하는 사람들의 54%가 우울증과 연관이 있었으며, 34%는 불안정서와 연관이 있다고 하였다. 이 외의 최근 스마트폰에 대한 연구에서도 과의존하는 경우와 그렇지 않은 경우를 변별 짓는 특징으로 우울, 불안감 등의 심리적 요인이 있다고 나타났다.

사회적 관계에서의 낮은 만족감:

낮은 사회적 지지, 제한된 사회 활동, 좌절된 친밀감

"외로워요. 저 인정받고 싶어요."

유아는 대부분 놀이방 및 어린이집에서 첫 대인관계를 형성한다. 유아의 놀이를 살펴보면, 같이 있지만 각자의 놀이를 하며 놀이한다. 이는 얼핏 혼자 놀이하는 것처럼 보이지만 또래 관계 놀이를 연습하는 것이다. 그러나 유아기 때 경험하는 또래 관계에서의 어려움은 학령기 아동에 비해 크게 문제가 되지 않는 것처럼 느껴진다. 유아에게는 부모와 교사와 같은 존재가 더 크게 다가오기 때문이다. 그러나 아동이 학교에 입학하면서 또래 관계는 더 큰 비중을 차지하기 시작한다. 특히 청소년에게 때로는 또래 집단이 자기 삶의 전부인 것처럼 느껴지기도 한다.

청소년은 자아정체성을 형성하는 발달 시기에 놓여 있다. 청소년기에는 부모로부터 심리적으로 독립하려는 욕구가 생기기 시작하여 때론 반항도 하며 자신의 욕구를 표현한다. 또래 문화 속의 자신의 위치가 중요하며, 발달단계의 특성상 불안감은 증폭된다. 외부로부터 받는 인정에 민감하고, 다른 시기에 비해 감정의 변화도 크며, 세상에 혼자 있는 것만 같은 느낌을 받기도 한다. 또래 관계에서 인정받는 것이 그 어떤 다른 시기보다도 중요하게 여겨지기 때문에 소외감이나 외로움도 더 크게 느낄 수 있다. 따라서 또래와 어울리기 위해 스마트폰을 소통의 도구로 사용하며 집착하고 의존한다. 인터넷의 익명성은 자신의 우울함과 불안감 같은 정서를 자유롭게 표현할 수 있는 기회를 주므로 일시적인 정서적 편안함을 경험하게 한다. 그러나 이면을 들여다보면, 오히려 스마트폰이 또래와의 진정한 소통을 방해한다. 현실의 친구들에게 지지와 인정을 많이 받는다고 느낄수록 스마트폰에 의존할 이유가 없어진다. 친구들에게 따돌림을 받거나 관계가 좋지 않는다고 느낄수록 스마트폰과 같은 매체에 과의존하게 되는 것이다.

인터넷에 기대하는 신념: 역기능적 신념

"인터넷을 하면 ○○할 거야."

아이들은 인터넷의 특성을 직접 경험함으로써 '인터넷은 정말 재미있어.' '인터넷은 나의 무료함을 달래 줄 거야.' '인터넷은 시간 때우기에 참 좋아.'라는 생각을 하고, 인터넷 세상에 기대하는 믿음을 갖는다. 그러나 이면을 살펴보면, '진짜 인터넷 게임이 즐거움만을 주는 것일까?'에 대한 의문을 가져볼 수 있다. 상담 현장에서 만난 아동이나 청소년과 인터넷의 영향에 대해서 나누었던 대화를 통해 이들이 인터넷을 객관적으로 보지 못하고 있다는 것을 알 수 있었다.

상담사: 인터넷 게임이 너에게 어떤 이득을 주는 것 같니?

청소년: 스트레스를 날려 줘요.

상담사: 좀 더 설명해 줄래? 게임을 하면서 네 스트레스가 어떻게 되는지?

청소년: 학교에서 딱 스트레스를 받고 와요. 그래서 집에 오자마자 열 받는 걸 풀려면 컴퓨터 게임을 해야죠.

상담사: 어제도 했다고 했잖아. 어제는 너 마음이 어때졌어?

청소년: 아, 어제는 제가 좀 못 하는 애들하고 같은 팀이 돼서. 아, 진짜 짜증났어요. 너무 못 해요. 내가 이리 가라고 해도, 저리 가고. 가만히 기다리라고 했는데 막 치고…… 사람 말귀를 못 알아들어요. 진짜 열 받았어요. 근데 제가 지면 질수록 승률이 낮아지거든요. 그래서 다시 이겨서 그거 복구해야 해요.

상담사: 저런……. 학교에서 받은 스트레스 풀려고 시작한 거였는데, 너 얘기 들어 보니 더 스트레스 받았겠다.

청소년: 그랬죠…….

인터넷에 과의존하는 아이들은 인터넷을 하면 즐거울 거라는 믿음을 갖고 있다. 또 인터넷밖에 할 수 있는 것이 없기 때문에 한다고도 생각한다. '재미를 가져다주는 것, 할 일 없을 때 할 수 있는 것, 스트레스를 날려 주는 것' 등의 신념으로 인터넷을 한다는 것이다. 신념은 굳어진 생각으로, 같은 상황이 주어지면 신념에 의해서 행동할 가능성이 높다. 스트레스를 받으면 대처할 수 있는 행동이 많이 있을지라도 자신의 신념에 의해서 인터넷을 켠다. 앞에서 언급한 청소년처럼 게임을 하다가 더 스트레스를 받을지라도 그 과정을 스스로 알아차리기는 어렵다.

인터넷에 과의존하게 만드는 환경적 특성

한 개인의 심리적 특성이 인터넷 과의존과의 관련성이 높을지라도, 그 개인의 특성을 더 강력하게 또는 그렇지 않게 만드는 요인이 있다. 사람은 사회적 동물이며 환경의 영향을 크게 받는다. 아이가 태어나서 가장 먼저 만나는 환경은 아마 부모, 가족일 것이다. 자라나면서 유치원을 다니고, 초·중·고등학교를 다니면서 접하게 되는 주변 환경이 달라지긴 하지만 거의 대부분의 자녀가 성인이 되어 독립하기 전까지 가족과 함께 지낸다는 점에서 상당히 중요한 요소가 된다. 유아보다는 아동이, 아동보다는 청소년이 또래 관계에서 더 큰 영향을 받기 때문에 친구의 지지, 학교 적응 등의 학교 장면에서의 환경적 중요성이 부각되기 시작한다. 그러나 이에 못지않게 중요한 것이 가족의 기능이다. 유·아동 및 청소년의 많은 사례를 접한 상담 경험에 의하면 또래 관계, 학교 부적응을 가진 자녀의 어려움은 부모-자녀 관계, 가족의 기능과 연관이 있었다. 부모 또는 가족을 함께 상담하면서 자녀의 또래 관계가 좋아진다거나, 학교 부적응의 어려움이 완화된 것을 통해 이를 입증해 준다. 많은 상담사가 부모와 가족 상담에 주력하는 것도 이 때문일 것이다. 다음과 같은 질문들을 통해 '나는 어떠한 부모'이며, '나와 자녀와의 사이는 어떠한지'

'우리 가족은 자녀에게 어떤 환경을 제공하고 있는지' 등을 점검해 볼 필요가 있다.

부모의 양육 태도

"나는 자녀에게 어떠한 부모인가?"

저연령 아동의 경우 아동 자신이 가진 내적인 특성보다는 주변 환경의 영향으로 인터넷에 몰입하게 될 가능성이 크다. 발달 특징상 유아는 다방면에 관심이 많아 자극적인 것에 더 흔들리기 쉬우며, 현실과 가상세계를 혼동하기도 한다. 유아들은 앞으로 일어날 일을 예측하기 어렵고, 스스로 자기통제를 할 수 있는 능력이 발달되지 않았다. 따라서 눈앞에 있는 자극에 휩쓸리고 그 자극에 더 매료되기 쉽다. 가장 중요한 것은 자신이 인터넷에 몰입되는 것이 문제가 될 수 있다는 것을 인지하기 어려운 나이라는 사실이다. 게임과 같은 자극에 몰입하기 쉬운 것은 유아 또는 아동의 문제가 아니라 발달단계상 자연스러운 일이다. 따라서 유아 또는 아동 시기에 부모가 만들어 주는 양육 환경이 중요하다.

성인이 되기 전까지 자녀는 부모의 영향을 많이 받는다. 이에 많은 학자들이 환경적인 요소 중 부모의 양육 태도에 관심을 가지기 시작했다. 부모의 양육 태도는 크게 민주적, 권위적, 허용적으로 구분된다.

권위적 양육 태도를 가진 부모는 자녀에게 요구는 많고 아이의 반응에는 적게 반응한다. 반면, 허용적 양육 태도를 가진 부모는 자녀에게 요구는 하지 않고 반응을 많이 한다. 민주적 양육 태도를 가진 부모는 요구와 반응이 모두 적절한 상태로 본다. 인터넷에 과의존하는 청소년 집단을 연구한 결과, 청소년이 지각한 부모양육 태도 중에서 '권위적, 허용적'인 양육 태도가 연관이 있는 것으로 나타났다.

그러나 선행 연구들은 이러한 양육 태도를 가진 것이 자녀가 인터넷에 과의존하게 되는 직접적인 원인이 되는 것은 아니라고 주장한다. '권위적' 양육 태도를 가진 부모들은 자녀와 소통이 원활하지 않음이 짐작된다. 아이들이 하고자 하는 이야기와 의견은 통제되고 부모의 의견에 의해서 움직여야 하기 때문이다. 자신의 의견을 말하는 것이 자주 벽에 부딪치고 부모의 지시에 따라서 움직이게 되면 무언가 스스로 할 수 있는 힘, 즉 자율성에 손상을 입는다. 자기 스스로 해 본 적이 없고 주로 부모의 의견에 따라 움직였기 때문에 이후 여러 스트레스 상황에서 스스로 대처하는 데 어려움을 겪게 되어 쉽게 우울해진다. 그럴 때 자기 마음대로 조절할 수 있는 인터넷을 만나게 되면 그 가상세계로 회피할 가능성이 높아지는 것이다. 또한 권위적인 부모에게 자신의 의견이 받아들여지지 않는 경험을 자주 하게 되면 있는 그대로 수용되는 경험을 하기 어렵다. 자기 자신이 누구인지 알리고 표현하고 싶은 청소년기에 이르면, 인터넷 세상에서 자기 자신을 표현하며 타인에게 피드백을 얻어 힘을 얻고 싶어 한다.

부모가 '허용적' 양육 태도를 가졌다고 지각하는 자녀들은 부모가 자신에게 신경을 안 쓴다고 지각할 가능성이 높다. 적당한 부모의 관심은 자녀에게 '부모님이 내게 관심이 많다'는 느낌을 갖게 한다. 자녀를 사랑하는 입장에서 잘못된 사랑의 표현으로 자녀가 요구하는 것은 '모두 다' 들어주는 경우가 종종 있다. 아직 인격이 형성되는 시기에 놓여 있는 아이들은 부모의 적절한 요구로 옳고 그름을 구분하는 것을 배운다. 따라서 '모두 다' 들어주는 허용적 양육 태도는 때로는 독이 되기도 한다. 적절한 제지는 부모가 자신에게 관심을 가지고 있으며 조절해 주고 있다고 생각하게 하며, 가이드라인을 정해 줌으로써 자녀가 안정감을 느끼게 해 준다.

자신의 부모가 '민주적' 양육 태도를 가졌다고 인식하는 자녀들은 인터넷 과의존과 낮은 상관을 보였다. 자녀와 소통이 원활하다고 느끼며 관심을 갖기 위해서는 아이들이 하는 것들에 대해 관심을 가져야 한다. 이야기도 자주 나누어야 하고, 함께하는 독서나 운동, 여행 등도 필요하다. 그러한 부모의 적극적인 노력을 통해 자녀는 부모가 나에게 정서적 관심을 갖고 있다는 것을 깨닫게 된다. 누군가가 나를 믿어 주고 끊임없이 지지해 주고 있다는 확신은 자기 자신에 대한 자존감을 높인다. 흔들리지 않는 신뢰와 칭찬은 '나는 꽤 괜찮은 사람이야'라는 것을 지지해 주는 근거가 되기 때문이다. 굳이 인터넷을 통하지 않고서도 스트레스에 대한 대처 방안을 스스로 찾을 수도 있으며, 가상세계 속 지지 체계를 통하지 않고서도 자기 자신에 대한 자신감을 충분히 채울 수 있다.

내성적이고 소극적인 아이일지라도 믿어 주는 친구가 옆에 있다면 외롭지 않다. 친구와 함께한다는 느낌이 들게 되면 인터넷이라는 가상의 친구를 만들 필요가 없어진다. 자녀 또한 마찬가지다. 부모와 자녀 간의 좋은 관계는 자녀가 인정받고 사랑받는다는 느낌이 들게 하여 자존감을 높여 줄 수 있다.

부모-자녀 애착 관계

"나는 자녀가 나로부터 안정감을 느낄 수 있게 해 주는가?"

애착이론을 처음 제시한 볼비_{Bowlby, 1958}는 아이는 태어나서 심리적으로 가장 가까운 사람에게 지속적인 정서적 유대감을 느끼는데, 이를 '애착'이라고 명명하였다. 자신과 시간을 함께 보내며 안정감을 주는 대상이 되기에 보통 부모를 비롯한 주 양육자가 이에 해당된다. 아이는 자신이 정한 애착 대상과 함께 있을 때 편안함과 정서적 안정감을 느낄 수 있으며, 이를 안정애착이라고 한다. 한번 형성한 애착은 유아뿐만 아니라 아동, 청소년기를 넘어선 성인기에까지 전 생애에 걸쳐 한 개인의 정서 발달에 영향을 미친다. 에인스워스_{Ainsworth}는 이러한 애착 유형을 구분하기 위해 다음과 같은 '낯선 상황 실험'을 고안하였다.

낯선 상황 실험을 통해 에인스워스는 애착 유형을 크게 안정애착과 불안정애착으로 나누었다. 안정애착의 경우 애착 대상과 함께 있으면서 정서적 안정감을 느끼는 경우다. 애착 관련 연구에서 아동 및 청소년이 가진 문제 행동은 부모와의 애착과 연관이 있으며, 특히 중독 현상에도 영향을 미치는 것으로 보고 있다. 인터넷에 과의존하는 아동이나 청소년의 심리적 특성에서도 설명하였듯 우울, 불안정한 정서는 인터넷에 더욱 몰두하여 그러한 정서로부터 회피하게 만든다. 부모와 안정애착을 형성한 청소년

〈에인스워스의 '낯선 상황 실험'이란?〉

① 낯선 실험실에 유아와 엄마가 함께 있으면서 아이는 놀잇감을 갖고 놉니다.
② 공간에 낯선 사람이 들어옵니다.
③ 엄마가 실험방에서 나갑니다. 방 안에 유아와 낯선 사람만 있게 되지요.
④ 시간의 간격을 두고, 엄마가 들어왔을 때 엄마에 대한 아이의 반응을 본 실험입니다.
⑤ 아이의 반응을 통해 안정애착, 불안정애착(회피, 저항, 혼란)의 유형으로 나뉩니다.

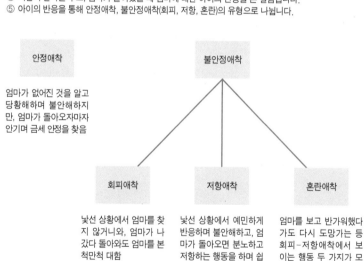

안정애착	불안정애착		
엄마가 없어진 것을 알고 당황해하며 불안해하지만, 엄마가 돌아오자마자 안기며 금세 안정을 찾음	회피애착	저항애착	혼란애착
	낯선 상황에서 엄마를 찾지 않거니와, 엄마가 나갔다 돌아와도 엄마를 본 척만척 대함	낯선 상황에서 예민하게 반응하며 불안해하고, 엄마가 돌아오면 분노하고 저항하는 행동을 하며 쉽게 진정되지 않음	엄마를 보고 반가워했다가도 다시 도망가는 등 회피-저항애착에서 보이는 행동 두 가지가 모두 나타남

[에인스워스의 낯선 상황 실험]

은 애착 대상인 부모와 친밀감을 느끼며 정서적으로 안정됨을 경험하고 외로움이나 우울감을 경험할 확률이 낮다. 따라서 스마트폰과 같은 대상에 과의존할 이유가 없는 것이다. 반면 부모와 불안정애착을 형성한 경우, 부모를 신뢰하지 못하므로 애착을 형성할 만한 대상을 찾게 되는데, 그 과정에서 인터넷 매체에 의존하게 된다. 특히 게임 속 '소속감'은 외로움을 감소시켜 주는 요인이 된다. 이처럼 부모-자녀와의 애착은 정서에도 영향을 미치며 나아가 인터넷 사용과도 연관이 있다.

부모-자녀 간 의사소통

"꽉 막힌 소통으로 자녀를 인터넷 세계로 내몰고 있지는 않는가?"

부모와 자녀 간 형성된 안정애착이 청소년기가 될 때까지 지속되는지 아닌지 여부는 부모-자녀 간의 긍정적 소통에서 형성된다. 많은 부모가 "초등학교 다닐 때까지만 해도 안 그랬던 아이가 사춘기가 왔는지 영 말을 안 하고, 답답해요."라면서 청소년 자녀와 멀어지는 경험을 한다. 청소년이 된 자녀는 부모로부터 심리적인 독립을 하고 싶어 하는 욕구가 생긴다. 또래 관계에 더욱 집중하고 싶어 하며, 또래와 공유하고 싶은 비밀이 늘어나거나 혼자만 간직하고 싶은 비밀스러운 이야기가 생성된다. 자연스레 그러한 비밀을 부모에겐 말하고 싶어 하지 않는다. 그러나 부모 입장에서는 숨기는 게 많고 멀어지려고 하는 것처럼 보이며 서운함이 밀려온다. 그러한 과정에서 자녀를 신뢰하지 못하여 다그치고 비밀스런 이야기를 캐내려고 하다 보면, 자녀는 더욱 음지로 숨어들어 부모와 거리가 생기게 된다. 부모와 관계가 멀어지고 소원해지면 자녀는 관계를 대신할 무언가를 선택하게 된다. 자아정체성을 형성하는 시기인 청소년기에는 자신에 대한 피드백을 받으면서, 존재감을 확인할 만한 무언가가 필요하기 때문이다. 만약 그 대상으로 또래가 아닌 인터넷 매체를 선택하게 되면, 인터넷에 과의존하게 되어 부모와의 또 다른 갈등이 예상된다.

인터넷 사용이 많은 자녀와 인터넷으로 인해 갈등이 생겼을 때 인터넷 사용을 줄이라고 이야기하는 것 자체만으로도 자녀의 반감을 살 수 있다. 의사소통 이론에서는 '갈등은 순환적인 인과관계에 근거한다.'고 말한다. 인터넷에 과의존하는 자녀가 문제라고 생각하고 소통을 하게 될 경우 갈등은 끝이 나지 않는다. 이를 다음의 과정으로 설명할 수 있다.

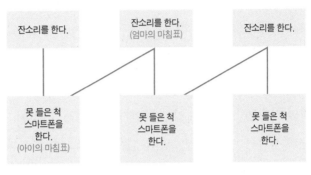

[갈등의 순환적 관계]

출처: 김유숙(2014).

자녀는 "엄마가 잔소리를 하니까 제가 스트레스를 받아서 스마트폰을 하는 거죠."라는 지점에 마침표를 찍었고, 부모는 "아이가 스마트폰을 계속 하니까 제가 잔소리를 하게 되는 거죠."라는 지점에 마침표를 찍었다. 갈등의 원인 제공이 자신이 아닌 상대방에게 있다고 생각한다. 각자 자신의 관점에서 대화하기 때문에 끊임없이 이어지는 악순환의 관계에 놓인다. 이러한 의사소통 방법으로는 인터넷과 관련한 자녀의 어려움을 도와줄 수 없을뿐더러 관계의 단절을 가져오며, 오히려 자녀의 인터넷 매체 과의존을 유지하게 만든다.

인터넷 사용에 대한 생각과 고민을 함께 나누기 위해서는 부모와 자녀의 의사소통이 이러한 악순환의 관계에 있는지를 살펴보아야 할 것이다. 부모와 자녀 사이의 관계가 좋아지면서 아이 스스로가 자연스럽게 인터넷과 멀어지는 경험을 하게 되는 경우를 상담에서 종종 보게 된다. 실제 여러 연구에서도 부모와 자녀 간 의사소통이 긍정적일수록 자녀의 인터넷 과의존 행동과 반비례한다는 결과가 있다.

인터넷에 과의존하게 되는 과정

인터넷스마트폰 등 사용 시간이 점점 늘어나면, 자녀의 생활에서 인터넷을 이용하는 시간이 다른 행위를 하는 시간보다 두드러져 인터넷을 하는 시간이 가장 중요한 활동을 차지하게 된다. 인터넷 사용을 조절하는 데 실패하고 주변과의 갈등이 일어나도 스스로 조절할 수 있는 능력이 감소한다. 결과적으로 가상세계로 인하여 현실세계의 내가 신체적·심리적·사회적으로 부정적인 영향을 받음에도 인터넷을 지속적으로 이용하며 헤어 나오기 힘들어한다. 이러한 과정을 그림으로 살펴보면 다음과 같다.

- 현저성(salience): 개인의 삶에서 스마트폰을 이용하는 생활패턴이 다른 행태보다 두드러지고 가장 중요한 활동이 되는 것

- 조절 실패(self-control failure): 이용자의 주관적 목표 대비 스마트폰 이용에 대한 자율적 조절 능력이 감소하는 것

- 문제적 결과(serious consequences): 스마트폰 이용으로 인해 신체적·심리적·사회적으로 부정적인 결과를 경험함에도 불구하고 스마트폰을 지속적으로 이용하는 것

[스마트폰 과의존 구조 모형]

출처: 한국정보화진흥원(2017).

현저성: 인터넷 세계에 빠지는 단계

인터넷을 하고 있을 때의 자녀를 객관적으로 살펴보자

먼저, 인터넷이라는 가상세계를 만나 그 세계에 지속적으로 머무르는 단계가 과의존의 출발이 된다. 보통 어떤 것을 시작하는 것은 좋은 기분을 경험하게 해 주거나 피하고 싶은 고통을 잊게 해 주는 보상 경험에서 시작된다. 예를 들어, 드라마나 영화를 보고 좋아하는 게임에 몰입하게 되는 그 순간만큼은 현실에서의 힘든 일을 잊을 수 있다. 힘든 하루 일과를 마치고 집에 오자마자 안락한 소파에 앉아 TV를 보다 보면 그날의 고되었던 일들은 잠시나마 잊는 것과 같다. TV에 나오는 연예인과 재미있는 예능을

보면서 좋은 기분을 경험한다. 어릴 적 동네 친구들과의 놀이에 푹 빠져 해가 지는 줄도 모르고 놀았던 경험도 비슷한 맥락이다. 담배를 피우고 술을 마시는 경험도, 도박 중독자들이 도박을 통해 가끔씩 큰돈을 따게 되어 맛보게 되는 경험도, 복권 당첨자들이 복권을 지속적으로 사게 되는 것도 마찬가지다.

스마트폰 게임에 과의존하게 되는 과정도 그러하다. 게임에 몰두하는 그 순간은 공부나 숙제, 부모님의 잔소리, 친구들의 따돌림, 외로움 등과 같은 힘든 생각에서 벗어날 수 있다. 게임이 가진 '재미'라는 매력 때문에 좋은 기분을 맛보게 된다. 어쩌면 내가 유일하게 조절할 수 있는 세상일지도 모른다. 열심히 한 만큼 레벨이 올라가는 보상이 주어지며, 올라간 레벨만큼 자신감도 상승한다. 적어도 게임 속 세상에서만큼은 내가 클릭한 대로 내 캐릭터가 움직이며, 내가 열심히 몰두하여 잘 하면 게임 머니를 벌 수 있어 내가 가진 능력을 맘껏 발휘할 수 있다.

현실과는 달리, 사용하는 사람의 ID나 게임 캐릭터 등을 통해 인터넷 세계에 '나'를 만들 수 있다. 가상세계의 다른 인터넷 사용자나 게이머들과 상호작용을 할 수 있어 물리적 세계의 특성이 가상세계에서도 가능하게 된다. 가상세계는 현실세계에서 할 수 없는 일을 할 수도 있고, 할 수 없는 일을 가능하게 만들기 때문에 현실세계보다 더 자극적이다. 현실에서 왕따를 경험할지라도 가상세계에서는 다른 게이머들과 이야기도 하고 함께 움직이며 몬스터를 잡을 수 있으며, 레벨이 오르면 때론 영웅이 되는 성취감을 맛본다.

'현저성 salience' 문항을 살펴보면, 현실에서보다 인터넷을 사용할 때 흥미와 즐거움을 느끼고, 인정과 유대감을 더 느끼게 되며 가상세계에 빠져들게 된다는 특징의 문항으로 구성되어 있다. 자녀의 경우 어떠한지를 객관적으로 살펴보는 것이 우선되어야 한다.

유 · 아동(만 3~9세)	청소년(만 10~19세)
• 항상 스마트폰을 가지고 놀고 싶 ☐ 어요! • 다른 어떤 것보다 스마트폰을 갖 ☐ 고 노는 것이 좋아요! • 하루에도 수시로 스마트폰을 하 ☐ 고 싶어요!	• 스마트폰이 옆에 있으면 다른 일 ☐ 에 집중하기 어려워요. • 스마트폰 생각이 머리에서 떠나 ☐ 지 않아요. • 스마트폰을 하고 싶은 충동을 강 ☐ 하게 느껴요.

[스마트폰(인터넷) 과의존 하위 요인 '현저성' 체크리스트]

출처: 한국정보화진흥원(2017).

조절 실패: 인터넷 사용 조절에 실패한 단계

인터넷 사용을 스스로 조절하는 것이 가능한가?

진화심리학의 입장에서 보면 인간은 자신의 욕구를 채워 주는 행동을 더 자주 하고, 오랜 시간이 지나도 그 행동을 선택할 가능성이 크다. 자신에게 만족스러운 결과를 주었던 행동을 반복할 가능성이 높다는 것이다. 그리고 시간이 갈수록 더 만족스러운 결과를 만들어 내기 위해 지금까지 경험했던 것보다 더 자극적인 것을 느끼고 싶어 한다. 그러나 좋은 기분을 느끼게 해 주었던 행동을 끊으려고 할 때 심리적 불쾌감을 경험한다. 애연가 및 애주가들이 담배와 술을 쉬이 끊지 못하는 것도 이 때문이다. 스마트폰을 수시로 계속 사용해 온 사람이 스마트폰을 하지 않으면 불안해하고 초조해하는 심리적 불쾌감을 경험한다는 점에서 같은 현상을 겪고 있다고 볼 수 있다.

지속적으로 사용하다 보면 이전과 같은 사용 정도로는 만족하지 못한다. 예전과 똑같은 효과를 얻기 위해서는 사용량을 더 늘려야 예전만큼의 긍정적 정서를 느끼게 되는 것이다. 두통의 고통을 줄이기 위해서 예전에는 진통제를 한 알만 먹었지만, '내성'이 생기면 한 알로는 고통이 가라앉지 않아 두 알을 먹게 되는 경우와 같다. 이전과 같은 정도의 만족감을 얻기 위해서는 더 오랜 시간 인터넷 및 스마트폰 사용을 지속해야 한다. 즉, 점점 더 많은 시간 동안 인터넷스마트폰을 해야 만족감을 느끼게 되어 인터넷 사용 조절에 실패하게 된다. 특히 나이가 어린 아동일수록 자신의 조절 실패self-control failure를 자각할 수 없기 때문에 어른의 도움이 필요하다.

유 · 아동(만 3~9세)	청소년(만 10~19세)
• 스마트폰 이용에 대한 부모님 말씀을 듣지 않아요. □ • 정해진 이용 시간에 맞춰 스마트폰을 그만두기 어려워요. □ • 이용 중인 스마트폰을 뺏을 때까지 해요. □	• 스마트폰 이용 시간을 줄이는 시도에 실패해요. □ • 스마트폰 이용 시간을 조절하는 것이 어려워요. □ • 적절한 스마트폰 이용 시간을 지키는 것이 어려워요. □

[스마트폰(인터넷) 과의존 하위 요인 '조절 실패' 체크리스트]

출처: 한국정보화진흥원(2017).

{ 문제적 결과: 일상생활에 문제가 생긴 단계 }

자녀의 일상생활에 어떠한 어려움이 생겼는가?

인터넷 매체 사용을 중지하면 불안감과 초조함이 생겨서 사용량을 늘리고 더 많은 시간 동안 인터넷 매체를 사용하게 된다. 인터넷을 사용할수록 현실에서의 문제점이 발생한다. 그리고 일상생활에서 해야 할 일을 하지 못하게 되는 일이 종종 발생하게 되어 어려움을 겪는다. 가령 친구들과 함께하는 시간이 현저히 줄어들고 감정 조절에 어려움이 생겨 또래 및 교우 관계에 갈등이 생길 수도 있다. 또한 인터넷을 하느라 공부할 시간이 줄어들어 성적이 떨어져 부모와 갈등을 빚는다. 청소년의 경우, 게임방에 자주 가게 되면서 용돈의 씀씀이가 커져 이를 감추기 위한 거짓말이 늘기도 한다. 부모의 카드나 현금을 사용하여 고가의 게임 아이템을 구입하는 경우도 종종 있다. 게임방의 쾌적하지 못한 환경으로 인해 두통을 호소하거나 목과 손목 통증을 호소하기도 하고, 인터넷을 하느라고 식사를 규칙적으로 하지 못해 건강에 이상이 생기기도 한다. 실제로 많은 아이들이 부모가 없는 한정된 시간 동안 가능한 한 게임을 많이 해야 하기 때문에 끼니를 거른다고 말한다.

유 · 아동(만 3~9세)	청소년(만 10~19세)
• 스마트폰 때문에 부모님과 자주 □ 싸워요. • 스마트폰을 하느라 다른 놀이나 □ 공부는 하지 않아요. • 스마트폰 이용으로 인해 눈이 나 □ 빠지고 자세가 안 좋아졌어요.	• 스마트폰 이용 때문에 건강에 문제 □ 가 생긴 적이 있어요. • 스마트폰 이용 때문에 가족과 심하 □ 게 다툰 적이 있어요. • 스마트폰 이용 때문에 친구와 심한 □ 갈등을 경험한 적이 있어요. • 스마트폰 때문에 학업에 어려움이 □ 있어요.

[스마트폰(인터넷) 과의존 하위 요인 '문제적 결과' 체크리스트]

출처: 한국정보화진흥원(2017).

인터넷 과의존이 위험한 이유

인터넷 과의존 실태조사에 의하면, 청소년의 하루 평균 스마트폰 이용 시간은 성인의 이용 시간보다 많다. 해마다 연령별로 살펴본 과의존 위험군은 유아 및 아동이나 성인에 비해 청소년의 과의존이 높았다. 유아 및 아동의 경우 부모를 비롯한 어른들의 관리로 이용 시간 조절이 어느 정도 가능하지만, 청소년은 부모의 관리에서 자유롭다. 실제로 상담 장면에서 "초등학교 때까지만 해도 제 말을 들어서 시간 관리가 됐거든요. 그런데 중학교에 올라와서는 통제가 불가능해요."라고 호소하는 부모들을 쉽게 볼 수 있다. 그리고 유아, 아동, 청소년 나이 대에 따라 사용하는 인터넷 매체가 다르며 사용 욕구 및 활용의 용도도 차이가 있다. 이처럼 발달단계가 다르기 때문에 그 단계에 해당하는 연령대에 맞는 각각의 접근이 필요하다.

오, 마이 뇌!

뇌 발달 관련 전문가들은 사람의 뇌는 태어나서 36개월까지 가장 급격히 발달한다고 말한다. 우리가 알고 있는 뇌세포는 '뉴런'이라고 불리는데, 그 뉴런과 뉴런 사이를 이어 주는 것이 '시냅스'다. 살면서 필요한 시냅스의 두 배 정도를 36개월까지 생성해 내지만 이후에 필요 없는 시냅스는 제거된다. 외부에서 지속적으로 자극을 주어 '살면서 필요하다'고 판단된 시냅스는 강화되고 발달할 수 있다. 그런데 '살면서 필요하다'고 판단하는 것은 우리의 의지와는 상관없이 이루어진다. 외부에서 지속적으로 일어나는 경험이 앞으로도 계속 일어날 것이라는 뇌의 판단하에 채택되기 때문이다. 이 시기에 생성된 신경네트워크는 이후 뇌 발달의 기초가 된다. 자녀의 건강한 뇌 발달을 원한다면, 다양한 경험을 통해 여러 자극을 주는 것이 필요하다. 다음에서 영아기를 지나 스마트폰을 본격적으로 접하기 시작하는 시기부터 뇌의 변화와 스마트폰 사용 시에 뇌에서 어떠한 부분이 활성화되는지를 살펴보도록 한다. 각 발달단계마다 결정적 시기가 존재하기 때문에 자녀의 뇌 발달을 위하여 부모의 도움이 필요하다.

전두엽 발달의 중요성

전두엽은 뇌 기능 중에서 종합적인 사고를 맡고 있다. 상황에 대해 어떠한 태도를 취하기 위해서는 그 상황을 파악하고 분석하여 종합적인 결정을 내리는 고도의 정신적 작업이 필요하다. 전두엽은 그러한 과정에서 활성화된다. 앞으로 일어날 일에 대해 추론하고 추상적인 시간 개념을 갖고, 미리 미래에 대한 계획을 짤 수 있는 것도 전두엽의 기능 덕분이다. 전두엽은 창의적인 생각을 할 수 있도록 하며, 사람의 감정을 조절할 수 있도록 도와주는 역할을 한다. 사고로 전두엽의 기능을 상실한 환자는 뒷일을 생각하지 못하고 갑자기 공격적인 행동을 한다. 자신의 행동에 대해 감당해야 할 것을 미리 짐작하고, 충동을 억제하고 감정을 조절할 수 있게 해 주는 것은 전두엽의 기능이기 때문이다.

전두엽 발달의 결정적 시기

3세 이후부터 6세까지 유아의 뇌에서는 전두엽 발달에 힘쓴다. 이 시기의 아이들은 왕성한 호기심을 가지고 질문을 퍼붓는다. 전두엽을 자극해 발달시켜 주기 위해서는 유아가 하는 질문에 바로 대답해 주는 것보다 "글쎄, 너는 어떻게 생각해?"라고 자녀의 생각을 물어봐 주는 것이 중요하다. 자녀가 부모들이 생각하는 정답을 말하게 하는 것은 큰 의미가 없다. 스스로 생각하게끔 하는 과정을 통해 자녀의 뇌가 발달할 수 있도록 자극을 주는 것이 중요하다. 그렇기 때문에 자녀의 대답에 '틀렸어' '맞았어'와 같은 식으로 판단하지 않는 것이 좋다. 엉뚱한 대답일수록 자녀가 생각하는 과정을 들여다볼 수 있는 좋은 기회다. "그렇게 생각해? 어떻게 해서 그렇게 생각해 봤어? 궁금해." "그러면 그다음에는 어떻게 될까?"라는 식으로 다시 물어봄으로써 자녀의 생각을 더 확장시켜 줄 수 있다. 자녀는 부모가 내게 관심을 가져 주기 때문에 그 과정에 흥미를 느낀다. 아이의 질문에 부모가 다시 질문하는 과정 속에서 쌍방향 의사소통이 이루어진다. 그러나 스마트폰에서 보여 주는 동영상은 일방적인 자극이기 쉽다. 유아의 말이나 행동에 따라 동영상의 내용이 바뀌지 않기 때문이다. 이는 스스로 생각하며 전두엽을 발달시킬 기회를 주지 않아 아이가 스스로 생각할 수 있는 회로의 발달을 저해하는 요인이 된다. 따라서 가능하다면 스마트폰이나 인터넷 영상으로 일방적인 자극에 노출되는 시기를 늦추면 늦출수록 좋다. 많은 심리학 연구자와 상담사들이 학령 전 자신의 자녀에게 스마트폰을 허용하지 않으려는 이유가 여기에 있다. 스마트폰을 만든 애플을 창업한 스티브 잡스도 집에서는 자녀의 IT기기 사용을 제한했다는 일화도 유명하다. 그도 저녁 식사시간에 스마트폰 대신에 자녀와 책, 역사 등과 관련된 대화를 나누었다.

부모가 자녀와 함께 이야기를 나누는 동안 자녀는 여러 감정을 느끼고 생각하게 된다. 그리고 자녀가 다시 어떤 반응을 보일 때까지 부모는 기다려 줄 수 있으며, 그러한 생각과 감정에 대해서 함께 이야기를 나누어 줄 수도 있다. 자녀가 느끼는 감정을 부모가 "재민이가 화가 났구나." "규민이 많이 속상했어?" 등의 언어로 표현해 주어, 자녀는 "아, 이게 화가 난 것이구나. 속상한 것이구나."라고 자신의 감정을 언어와 연결시킬 수 있다. 그러한 감정 읽기를 해 주는 것이 익숙해지고 적응된다면 자녀는 그저 울고불고 떼쓰는 것이 아니라, "엄마, 나 화났어요." "아빠, 나 속상해요." 등의 언어로 표현할 수 있게 되는 것이다. 그러나 일방적이고 빠르게 지나가는 인터넷 영상 자극은 자녀에게 생각할 기회를 주지 않는다. 자녀가 스스로 생각할 틈도 없이 자극은 기다려 주지 않고 지나가 버리기 때문이다. 일방적인 자극에 지속적으로 노출되면 기다리는 여유와 감정을 조절하는 능력을 연습할 기회가 없으므로 충동적이고 감정 표현이 서툰 아이로 자라기 쉽다. 자녀가 스마트폰을 달라고 떼를 쓸 때, 울음을 그치게 하기 위해서 바로 스마트폰을 쥐어 주는 것은 자녀의 우는 행동을 더욱 강화시킬 수 있다. 아이는 화가 나고 슬프지만 그 감정을 스스로 달래는 힘을 길러 내야 자신 앞에 닥친 어려움을 스스로 이겨낼 수 있는 사람으로 성장한다. 자신이 울어도 부모가 단호하고 일관되게 스마트폰을 쥐어 주지 않는다는 걸 알게 된다면 비로소 "그럼, 나 어떻게 하지? 뭐 하지?" 스스로 생각해 보게 된다. 그렇게 인내하고 생각하여 다음에 할 수 있는 대처 전략을 스스로 개발할 수 있다. 자녀가 감정을 누그러뜨리고 들을 준비가 되었을 때, 스마트폰 대신 자신이 할 수 있는 것들종이접기, 아이클레이, 그림 그리기, 책 읽기 등을 제공하는 것도 방법 중 하나다. 자녀의 심심하고 지루한 시간을 없애 주려 하지 말고, 그 시간을 어떻게 보낼지 자녀 스스로 창의적으로 생각하게끔 기회를 주어야 한다.

전두엽의 확장 시기

"맙소사! 우리 아이는 벌써 고등학생이란 말이에요!"라며 시기를 놓쳤다고 생각하는 부모들이 있을 것이다. 그러나 청소년기에도 뇌는 여전히 발달한다. 외부에서 전혀 자극이 주어지지 않아 '이 시냅스는 한 번도 안 써서 필요 없는 것 같네.'라고 여겨지는 시냅스는 제거되고, 또 다른 뇌세포들은 다른 세포들과 연결하는 작업을 한다. 집안에서 자주 쓰는 물건들은 손이 자주 닿는 곳에 두고 사용되지만, 자주 쓰지 않는 물건들은 정리하는 것과 비슷하다. 그래야 필요할 때 빨리 꺼내 쓸 수 있는 더욱 효율적인 뇌 기능을 갖게 된다. 청소년기부터는 보다 잦은 대인관계_{외부 자극}가 만들어지며 뇌의 많은 부분을 써야만 이해할 수 있는 지적 활동이 이루어진다. 뇌는 신경네트워크를 균형 있게 발달시키며 창의적인 작업을 할 수 있는 고도의 기능을 한다.

청소년기는 뇌가 창의적인 활동을 활성화시키는 시기다. 창의적인 생각을 하고 아이디어를 창출해 낼 때 전두엽이 활성화된다. 이를 통해 자신의 감정을 풍부하게 표현하고 의견을 이야기할 수 있다. 상담사는 상담을 받으러 온 청소년에게, "너는 그런 너에 대해서 어떻게 생각하니?"라고 질문함으로써 자신에 대해서 생각해 볼 수 있도록 도와준다. 상담 장면에서 만나는 청소년은 주로 '삼₃요', 즉 "글쎄요." "그냥요." "몰라요."라는 세 가지 대답을 한다. 어려서부터 스스로 깊게 생각하는 연습을 해 보지 않았기 때문에 청소년이 되어서도 자신의 생각과 감정을 표현하는 것이 서투르다. 자신이 어떤 감정을 느끼는지 자기 자신의 감정을 들여다보고, 그 감정이 '기쁨' '슬픔' 등의 언어로 연결되어야 자기 감정에 대해서 이야기할 수 있다. 상대방의 질문에 따른 자신의 생각이 있어야 비로소 '삼$_3$요'가 아닌 자신의 생각을 말할 수 있다. 비관적이지 않은 것은 청소년들이 비록 초반에는 '삼요'로 대답했을지라도 "네 생각은 어떠니?"라고 물어보는 과정을 통해 자신의 생각을 표현하게 된다는 것이다. 청소년기에도 뇌는 발달하기 때문에 생각하는 연습을 꾸준히 한다면 뇌가 스스로 자주 쓰는 신경으로 분리하고 뇌의 균형을 맞춰 나간다.

연령별 이루어야 할 심리사회적 발달 과업

심리사회학자 에릭슨 Erik Erikson은 '인간은 태어나서 죽을 때까지 심리사회적 발달 과정을 거친다.'는 인간의 전생애 발달 이론을 주장하였다. 발달에는 순서가 있고, 각 단계마다 이루어야 할 발달 과업이 존재한다. 인간은 각 단계의 발달 과업을 잘 해결하거나 아니면 그 단계에서 이루어야 할 과업 획득에 실패를 경험하기도 한다. 그러나 과업의 달성 여부와 상관없이 일정한 연령에 도달하면 신체적·사회적 영향으로 다음 단계로의 이행이 이루어진다. 그의 이론에 의하면 각 발달단계는 누적되는 특징이 있다. 나이에 맞는 그 시기의 발달 과업이 잘 이루어지면 그다음 단계로 건강하게 이행할 수 있으며, 만약 이루지 못한 단계의 과제는 훗날 심리사회적 어려움을 야기할 수 있다. 각 발달단계의 과업을 이루기 위해서는 그 시기에 중요한 인물과 관계를 맺고, 스스로 활동을 하며 이루어야 할 덕목이 있다. 따라서 자녀가 해당 단계에 발달 과업을 충분히 이룰 수 있는 주변 환경과 시간이 제공되고 있는지, 중요한 인물과 그러한 관계를 맺고 있는지 등을 살펴보아야 한다. 만약 그러한 발달 과업을 이루어야 할 시간 및 시기에 인터넷에 과의존하고 있다면, 다음 발달단계에 어려움이 생길 수도 있다는 가정을 할 수 있다.

우선, 내 자녀가 심리사회적 발달단계의 어디에 해당하는지를 살펴봐야 한다. 자녀의 나이와 이루어야 할 발달 과업이 무엇인지 확인하면, 그 단계의 시기에 무엇을 어떻게 해 주어야 할지에 대한 전체적인 그림을 그릴 수 있다.

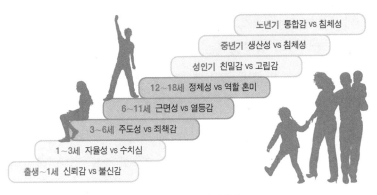

[에릭슨의 심리사회적 발달단계(1963)]

유아(3~6세)에게 인터넷이 미치는 영향은?

동네 커피숍을 가면 아이를 키우는 부모들이 모여 있는 것을 자주 볼 수 있다. 주말에는 부모들 모임에 따라 나온 자녀들이 함께 앉아 있는 경우도 많다. 어린 자녀들은 부모의 대화에 끼어 보려고 노력하다가 본의 아니게 대화에 훼방을 놓게 된다. 부모는 다른 사람들에게 민망하기도 하고, 그들끼리의 대화에 방해받고 싶지 않아 자녀들에게 스마트폰이나 태블릿PC로 만화영화를 보여 주거나 모바일 게임을 시켜 주기도 한다. 그러면 아이들이 그것에 곧 집중하는 것을 보며 인터넷 매체의 위력을 알 수 있다.

스마트폰 실태조사에 의하면, 아이들이 말문이 봇물처럼 터지기 시작하는 시기에 유아의 스마트폰 사용량이 급증하기 시작한다. 에릭슨의 심리사회적 발달단계 중에서 3단계에 해당하는 나

이다. 만 3~6세까지의 유아는 이 시기에 하고 싶은 말도 많고 활
동량과 호기심이 엄청난 속도로 증가한다. 그 어떤 것도 놀잇감
으로 활용할 수 있으며, 그러한 놀이 활동을 통해 세상을 탐색하
는 방법을 배운다. 이 시기 유아들은 새로운 방법으로 놀이해 봄
으로써 그 놀잇감이 어떻게 되는지를 배우고, 세상에 대해서 배
운다. 유치원을 다니기 시작하면서 또래들의 세상으로 나아가며,
부모, 형제를 비롯한 가족 외에도 많은 사람이 있는 세상이 존재
함을 알게 된다. 이 시기에 아이들이 가장 많이 하는 질문은 "이
게 뭐야?"로, 그만큼 호기심으로 가득 차 있다. 어른에게 이게 뭐
냐고 물으면, 어른이 대답해 주는 상호작용 속에서 아이들의 언
어 발달이 급격하게 이루어진다. 이 시기에 묻고 들은 대답들로
유아의 기본적인 지식이 쌓이고 학습의 기초가 되기도 한다. 새
로운 무언가를 보면 그것이 무엇인지 알아내고, 손으로 눌러 보
거나 냄새도 맡아 보며 탐색한다. 자신에 의해서 그 무언가가 움
직이기도 하고, 변형되기도 하는 것에 기쁨을 맛본다. 새하얀 벽
지 위에 크레파스로 그림을 그리며 행복해하는 아이를 생각해 본
다면 그 기쁨을 이해할 수 있을 것이다. 자신이 들고 있는 크레파
스가 지나간 자리마다 형형색색 그려지는 선들을 보며, 유아는
자신이 세상을 주도할 수 있다는 것을 배운다.

　이와 같은 과정을 통해 이 시기의 유아는 '주도성'을 획득한다.

주도성 획득을 통해 자기 삶의 주인이 되어 스스로 무언가를 이끌고 해낼 수 있는 기본이 마련되고, 무언가 목표를 정하여 나아갈 수 있는 '목적'이라는 덕목이 길러진다.

반면 이 시기에 주도성 획득의 시간과 탐색의 기회가 없다면 어떻게 될까? 유아가 열심히 주변 환경을 탐색하는 행동을 할 때에는 부산스럽고 산만하고 한순간 눈을 떼면 위험한 일에 노출되기도 한다. 그렇기 때문에 많은 부모가 자녀에게 스마트폰을 제공한다. 유아가 현실세계에서 배울 수 있는 많은 경험을 놓치게 되는 안타까운 순간이다. 유아는 세상을 마음껏 탐험하는 과정에서 '해도 될 일'과 '하지 말아야 할 일'을 배우기도 하는데 말이다. 외부 세계를 탐험하던 아이들은 제지를 받음과 동시에 손 안의 스마트폰을 통해 '나는 내 스스로 뭔가를 할 수 없다.'는 메시지를 받아들이게 된다. 이것은 '주도성' 획득에 실패한 유아가 '죄책감'을 갖게 되는 과정이다. '죄책감'을 획득한 유아는 새로운 세상을 탐험하고 새로운 사람과 물건을 탐색하는 데 주저한다. 유치원에 가서 또래들과 어울리는 것을 두려워하기도 하고, 무언가 새로운 활동을 해 보는 것을 어려워하기도 한다. 새롭게 해 본 경험도 적을 뿐만 아니라, 그러한 경험을 제지당한 경험이 더 많기 때문이다. 자연스럽게 위축된 아이로 성장하기 쉽다.

또한 인지발달적 관점에서 본다면 이 시기의 아이는 현실과 가상공간의 구분이 명확하지 않다. 꿈속에서 일어난 일을 현실에서 일어난 것으로 착각하기도 한다. 인터넷 세상은 엄연히 말하면 현실이 아닌 가상공간이기 때문에 어른의 제지가 필요하다. 유아에게 스마트폰과의 일방적인 관계보다는 서로 상호작용할 수 있는 쌍방 관계에서 오는 기쁨과 새로움을 알려 주는 것이 무엇보다도 중요하다.

아동(6~11세)에게 인터넷이 미치는 영향은?

만 6세 이상의 나이에 해당하는 단계에 이르렀다는 것은 아마도 자녀가 학교에 입학하는 시기가 다가왔음을 의미할 것이다. 학교에 진학하게 된 아동은 유치원에 있을 때와 다른 세상을 경험하게 된다. 학교에 간 아이는 할 일이 많다. 우선 아동은 새로운 집단 생활에 적응해야 한다. 학교, 학원 등에서의 활동을 통해 또래 관계의 범위가 넓어지면서 삶에서 관계의 범위도 넓혀 간다. 교사에게 인정을 받고, 또래와 얼마나 잘 지내는지가 아동에게 중요한 의미로 자리 잡는다. 또한 유치원에서는 내주지 않았던 과업인 '숙제'를 해야만 한다는 것을 경험한다. 받아쓰기를 비롯한 시험이 있다는 것을 알게 되고 100점은 기분을 좋게 만드는 점수이고 0점은 기분을 언짢게 만드는 점수라는 것을 알게 된다.

에릭슨에 의하면 이 시기에 아동은 '근면성'이라는 발달 과업을 획득한다. 근면성은 아동이 속한 사회에서 성공적으로 기능하고 경쟁하는 데 필요한 기술을 습득하는 능력이다. 아동이 속한 사회 중 학교는 의미 있는 곳인데 이곳에서 아동은 학업의 향상뿐만 아니라, 또래 관계에서 사회성도 발달시키며 보다 넓은 문화와 접촉한다. 경쟁과 동시에 또래 관계도 원만하게 지켜 나가야 한다. 아동은 유아기에 해 왔던 단순한 탐색을 넘어서 자신이 알고 있는 기술을 활용한다. 그 과정에서 성취감을 맛보고, 나아가 자신의 일에 몰두하는 '근면성'을 형성한다. 이 시기에 아동이 '근면성'을 획득한다면, '유능감'이라는 덕목을 성취하게 된다.

반면 '근면성' 획득의 실패의 결과는 '열등감'이다. '열등감'은 남들과 비교하며 자신이 다른 친구들보다 뒤처진 것 같고, 자기 자신은 능력이 없다고 생각하는 감정이다. 열등감을 느끼는 사람은 자기 자신을 무가치한 존재로 여기기 쉽다. 복잡한 개념을 획득할 수 있는 인지가 발달하면서 '근면성'은 자아존중감 형성에 중요한 토대가 된다.

따라서 이 시기의 아동에게는 다양한 경험을 제공하는 것이 필요하다. 교과 학습에서 머무르는 경험이 아니라 여행이나 소풍, 현장학습, 관람, 캠프, 여러 행사 등을 통하여 새로운 세계를 느끼고 경험하는 것이 중요하다. 따라서 초등학교에서는 현장학습 및 캠프 등의 각종 행사를 통해 학령기 아동에게 여러 자극을 주며 경험의 세계를 넓혀 주고자 노력한다. 만약 이러한 시간이 제공되는 대신에 인터넷 세상을 더 많이 경험한 아동이 있다면 어떠할까?

아동에게 인터넷 세상은 너무나 매력적인 요소로 가득 차 있는 공간이다. 때문에 어느 기점을 지나게 되면 일상생활에서 일어나는 일로는 만족하지 못한다. 예를 들면, 어떤 것도 게임보다 흥미롭지가 않아져 인터넷스마트폰에만 몰두하게 된다. 왜냐하면 게임은 많은 유저게임을 하는 사람를 모으기 위해 보다 자극적이고 재미가 있는 요소를 포함하기 때문이다. 장시간 게임에 노출된 아동은 그 시기의 현실세계에서 경험해야 하는 많은 기회를 놓치게 된다.

인터넷스마트폰에 과의존하는 행동을 스스로 조절하는 능력을 발달시키는 것도 '근면성' 획득에 필요하다. '근면성'의 발달 과업 획득에 실패한 아동은 '열등감'을 경험하게 되고, 열등감은 다음 발달단계청소년기의 발달 과업 획득에도 영향을 미친다.

청소년(11~18세)에게 인터넷이 미치는 영향은?

'청소년기'는 아동과 성인 사이에 있는 심리사회적 유예 상태로 개념화할 수 있다. 청소년기에는 급격한 신체 변화 및 성장으로 혼란스러움을 경험하게 되고, 고등학교 진로 및 진학 문제, 친구 및 이성 문제, 학업 등으로 많은 선택과 결정을 해야 하는 시기로 고민이 많다.

에릭슨에 의하면 청소년은 이 시기 동안 자신의 역할을 필요로 하는 곳을 탐색한다. 활동 반경은 아동기보다 훨씬 넓어진다. 아동기에는 옷을 살 때 부모와 함께했지만, 청소년기에는 친구들과 쇼핑하기를 원한다. 청소년기의 핵심 관계는 부모, 교사에서 또래로 이행한다. 또래와 관계하며 자신의 역할을 자리 잡아 나간다.

또래와의 관계에서 친구들과 다른 나의 외모와 성격 등에 대해 생각하고 '내가 누구인지, 남들은 나를 어떻게 생각하는지, 나는 앞으로 무엇을 할 것인지'에 대해 고민한다. '자아정체성'이 형성되는 데 필요한 것들이다. 이러한 질문이 가능한 것은 청소년기에 비로소 논리적이고 추상적으로 사고할 수 있는 능력이 발달하기 때문이다. 추상 능력의 발달로 미래에 대해 고민하거나 계획을 세울 수 있게 된다. 그러나 신체적 2차 성징이 이루어지듯 정체성이 저절로 형성되는 것은 아니다. 정체성 형성을 위해 자신의 장단점을 파악하고, 그러한 자질을 바탕으로 자신이 누구이며, 어떤 사람이 되고 싶은지에 대한 생각을 하는 노력의 과정이 필요하다. 자아정체성은 청소년 스스로의 노력과 더불어, 주변의 의미 있고 중요한 인물들과의 상호작용을 통해 자기가 누구인지에 대한 인식을 갖게 된다. 정체성 획득에 중요한 두 가지 요소는 '스스로 자신을 어떻게 지각하고 있는가'와 '다른 사람이 자신을 어떻게 지각한다고 생각하는가'다. 따라서 청소년이 중요하다고 생각하는 주변 인물로부터의 긍정적 피드백과 이해가 필요하다. '정체성 형성'이라는 발달 과업을 획득한 청소년은 '충실'이라는 덕목을 갖게 된다. 이 덕목은 청소년이 앞으로 미래의 삶에 자신의 열정을 투자하고 몰입할 수 있게 해 주는 밑바탕이 된다.

청소년기는 성인기로의 이행 단계에 있다는 점에서 특별하다. '정체성 형성'이라는 과업은 청소년기에 시작하지만, 전생애 발달 이론의 관점에서 본다면 전 생애에 걸쳐서 이루어 가야 한다. 인생 숙제의 첫 장인 셈이다. '정체성 형성'에 실패한 청소년은 '역할 혼미'를 경험한다. '정체성'이 자기 자신에 대해 통합된 느낌을 일컫는다면, '역할 혼미'는 복잡하고 혼란된 자아정체성을 갖거나 정체성 자체를 형성하지 못한 경우를 말한다. 내가 누구인지에 대한 통합된 정체성이 없으면, 자신에 대한 자신감이 없고 어떤 역할도 자신과 상관이 없는 것처럼 느껴진다. 때로는 존재감이 없는 것에 대한 공허함을 채우기 위해 자신을 받아들여 주는 집단에 소속되고 싶어 한다. 이때 그 집단이 가진 긍정적, 부정적 특징은 고려하지 않는다.

초등학교 고학년 및 청소년 사이에서 유행하는 '멤버놀이'는 이러한 청소년의 욕구를 채워 주는 놀이 중 하나다. 인터넷 세상 속 '멤놀_{멤버놀이의 줄임말}'을 통하여 자신이 원하는 연예인이 될 수도 있고,

남자는 여자가, 여자는 남자를 담당하며 역할놀이를 한다. 프사_프

<small>로필 사진의 줄임말</small>도 자신의 진짜 모습과 다른, 맡은 역할의 연예인의 사

진으로 바꾼다. 그 연예인인 척해야 하기 때문이다. 마치 소꿉놀

이를 할 때, '너는 엄마, 나는 아빠' 하며 놀이했던 것과 비슷하다.

그러한 놀이가 인터넷이라는 가상세계에서 이루어지기 때문에

자신을 다른 사람의 역할로 꾸미고 이야기하는 동안 자신의 정체

성은 사라진다. 그러나 가상세계를 벗어나면 그 세계와는 다른

현실 속 자신의 모습을 발견하고 실망을 하면서 자신감이 낮아

진다. 자신이 어떤 사람이고, 무엇을 할 수 있는지에 대한 개념이

없기 때문에 진로 선택에도 어려움을 겪는다.

청소년기의 '정체성' 형성을 위해서는 현실세계에서의 긍정적

인 상호작용을 통한 인정과 받아들여짐, 긍정적 피드백이 필요하

다. 이는 앞으로 살아가야 할 세상이 인터넷 세상이 아닌 현실세

계이기 때문이다. 인터넷 세상에서 아무리 멋진 역할을 맡아 '좋

아요'를 많이 받으며 칭찬을 받을지라도 현실세계에서 받는 피드

백이 부정적이면 현실에서의 자신과 괴리감을 느끼기 쉽다. 높은

게임 레벨을 통한 인정에는 한계가 있다. 중학교에서 고등학교로

진학함과 동시에 더 이상 높은 게임 레벨로는 '나'라는 사람에

대한 좋은 인정을 받기 어렵다. 그것은 앞으로 펼쳐진 진로 및 진

학, 취업 등이 보다 시급한 문제라는 것을 알게 되기 때문이다.

Part 2

인터넷 세상에서
우리 아이 키우기

자녀에 대해 이해하기

자녀에게 다가가기

자녀의 발달단계에 따른 인터넷 사용 길잡이

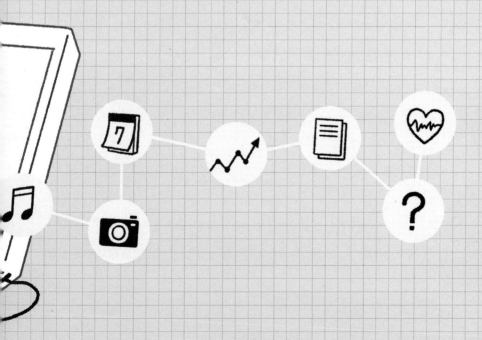

자녀에 대해 이해하기

{ 자녀의 인터넷 사용 습관을 객관적으로 바라보기 }

현대인은 하루에도 인터넷을 통해 많은 이득을 얻는다. 어른 중에서도 인터넷 사용을 제한하면 업무에 지장이 생기기 때문에 스마트폰을 손에서 놓지 못하는 경우도 종종 있다. 사실 인터넷은 업무뿐만 아니라 대인관계를 유지하는 것, 정보를 얻는 것 등 우리에게 없어서는 안 될 일상이 되어 버렸다. 요즘 아이들은 태어나면서부터 어른들이 만들어 놓은 인터넷 세상을 접하게 되었다. 부모들은 아이를 찍은 사진을 SNS에 올리기도 하며, 부모가 직접 스마트폰을 사용하는 모습을 자녀에게 자주 보여 준다. 아이들은 부모가 보여 주는 동영상을 통해 자연스럽게 인터넷 세상을 접한다. 따라서 인터넷이 이미 일상이 되어 버린 아이들에게 무조건 인터넷을 하지 말라고 하는 것은 어려운 일이다.

자녀의 인터넷 이용에 대한 훈육을 하기 이전에 부모는 자녀가 정말 인터넷에 과의존하고 있는지를 점검해 볼 필요가 있다. 더불어 자녀의 인터넷 사용 용도와 목적에 대해서 자세히 알아야 그에 따른 도움을 줄 수 있다. 부모 눈에는 자녀의 스마트폰 사용량이 과하다 싶어 무조건 제한하면 자녀와의 관계가 더 멀어질 수도 있다. 또한 관계가 좋지 않으면 인터넷에 대한 문제를 다루는 것이 보다 어려워진다. 자녀가 부모로부터 이해받지 못하고 있다고 생각하면, 인터넷 문제를 부모가 자신을 이해해 주지 못해서 생기는 문제로 여기기 때문이다. 부모가 자녀를 진심으로 이해할 때 인터넷에 관한 어려움을 다루기가 쉬워진다.

현대는 우리의 삶 속에서 인터넷의 편리함을 제외한 삶을 상상하기 힘들 정도다. 인터넷 세상은 아이뿐만 아니라 어른의 마음까지도 끌어들이기에 충분히 매력적이라는 것을 인정하는 자세가 필요하다. 요즘 아이들에게는 '인터넷' 자체가 그냥 '놀이'다. 옛날 놀이로 비유하자면 고무줄, 비석치기, 딱지치기, 공기놀이, 얼음땡 놀이 등과 같은 것이다. 놀이터에 나가면 얼음땡 하는 아이들이 있어서 자연스럽게 합류하여 놀았듯이, 아이들은 스마트폰을 매개로 소통한다. 이처럼 놀이의 문화가 바뀌었기 때문에 스마트폰을 무조건 못하게 할 수만은 없다. 그러나 우리 자녀가 '어떤 놀이를 하며, 얼마나 놀이를 하며, 어디서 놀고 있는지, 누구랑 놀고 있는지' 점검하는 것은 필요하다. 따라서 인터넷 사용에 대한 다음과 같은 질문을 통해 자녀의 놀이를 이해해 보도록 한다.

[인터넷 이용에 대한 점검]
• 자녀의 하루 평균 인터넷(스마트폰) 이용 시간은 어떻게 되는가?
• 인터넷을 주로 언제 이용하는가?
• 인터넷을 주로 어디서 이용하는가?
• 무엇으로 인터넷을 하는가?
• 인터넷으로 주로 무엇을 하는가?

[자녀의 즐길 거리에 대한 점검]
• 자녀는 친구와의 관계가 원만한가?
• 친한 친구들과 무엇을 하는가?
• 인터넷 외에 자녀가 즐기는 취미 활동이 있는가?
• 가정 내에서 자녀와 함께할 만한 활동이 있는가?
• 자녀와 함께할 시간적 여유가 있는가?

[인터넷 사용으로 인한 영향 점검]
• 인터넷(스마트폰) 사용으로 인해 자녀가 받는 영향은 무엇인가?
 [예: 수면 및 건강, 학업 및 과제, 성적, 친구 관계, 부모와의 관계, 교사와의 관계, 정서의 변화, 씀씀이의 변화, 학교생활의 변화(지각, 수업시간, 수면 등)]
• 자녀의 인터넷(스마트폰) 사용으로 인해 부모 및 가족이 받는 영향은 무엇인가?

[자녀와 부모 및 환경과의 관계 점검]
• 인터넷 이용량이 많아진 시기에 자녀에게 어떠한 변화가 있었는가?
• 하교 후 자녀가 혼자 있는 시간을 어떻게 관리하도록 하고 있는가?
• 인터넷 사용에 대한 자녀를 향한 부모의 가치관은 동일한가?
• 인터넷 사용에 대해 자녀를 얼마나 이해해 보고자 하였는가?
• 인터넷 사용 문제에 대해 어떠한 이야기를 나누어 보았는가?
• 인터넷 사용에 대해 자녀와의 관계는 어떠한가?

　　이와 같은 점검 리스트를 통해 자녀가 일상생활에 지장이 있을 정도로 인터넷을 사용하는가를 살펴볼 수 있으며, 자녀에게 어떠한 일이 일어나고 있는지 전체적으로 이해하는 데 도움이 될 것이다.

자녀의 인터넷 이용 시간은 적절한가?

인터넷 활용 실태조사를 위한 인터넷 과의존 척도를 통하여 인터넷 이용자들은 크게 '고위험 사용자군, 잠재적 사용자군, 일반 사용자군'의 세 그룹으로 나뉜다. 이를 통해 자녀의 인터넷 사용 정도가 요즘 문화에 자연스러운 정도의 사용량인지의 여부를 파악해 볼 수 있다. 인터넷 과의존 척도 및 결과에 대한 계산 방법은 부록에 수록된 체크리스트를 활용할 수 있다.

만약 자녀가 일반 사용자군에 해당한다면 인터넷을 이용 목적에 따라 조절하여 사용하고 있다고 볼 수 있다. 학교에서 내주는 과제나 학습을 하는 데 인터넷은 없어서는 안 될 중요한 도구가 되었다. 예전의 백과사전이나 전과를 대체하는 것이다. 인터넷을 잘 활용한다면 훌륭한 학습 도구로서 자녀의 학습 능력 및 학업에 대한 자기효능감을 올려줄 수 있다. 때론 스트레스를 관리하고 취미 생활을 위한 도구가 되기도 한다. 음악을 듣기도 하고, TV나 영화, 웹툰 등을 보면서 학업으로 인해 쌓인 스트레스를 풀수도 있다.

자녀의 사용 정도가 잠재적 사용자군으로 파악되었다면, 인터넷 사용 문제로 인해 이미 부모와 자녀 간 갈등을 경험해 봤을 가능성이 크다. 자녀는 인터넷 사용에 대한 조절 능력이 다소 부족한 상태다. 또한 고위험 사용자군의 경우에는 일상생활에서 해야 할 일들과 관련하여 어려움이 따른다. 청소년의 경우 다음 사례와 같이 자신도 인터넷 사용에 대한 부작용을 인식하는 경우가 많다.

> ⟫→ 상담 장면에서 만난 고등학생 현진이는 스마트폰의 과도한 사용으로 인해 부모와 갈등을 겪고 있었다. 부모의 보고에 의하면 가족 모두 모여 있는 자리에서도 식사가 끝나면 재빨리 자기 방에 들어가 스마트폰을 하며, 새벽까지 하느라 아침에 늘 피곤해한다고 하였다. 부모가 스마트폰을 그만하라고 하면, 예전에 비해 짜증과 화가 부쩍 늘어 아이와의 갈등의 골만 깊어지는 것 같아 상담 센터를 방문한 것이다. 상담에서 아이는 인터넷 사용에 대해 이렇게 표현하였다. "선생님, 제가 스마트폰을 진짜 많이 사용하는 걸 알아요. 근데 저도 어떻게 끊어야 할지 모르겠어요. 그걸 안하는 시간에는 뭘 해야 할지 모르겠어요. 그래서 그냥 하는 거예요."

앞의 사례의 경우, 현진이에게는 인터넷 사용에 대한 조절 실패 짜증과 화, **현저성**새벽까지 오랫동안 이용, *일상생활의 어려움*잦은 지각, 부모와의 갈등 등의 문제가 보고되었다. 그러나 스스로 인터넷 사용의 부작용을 인식하고 있다는 점에서 그렇지 않은 경우에 비해 출발이 다르다. 유아 및 아동에 비해 청소년은 자신의 어려움을 스스로 인식할 수 있으며, 그것은 변화에 중요한 자원이 된다. 그러나 자신의 어려움에 대해서 스스로 인식할 수 없는 나이이거나, 인식을 거부할 경우에는 부모의 도움이 절실히 요구된다.

자녀는 인터넷 세상에서 무엇을 하는가?

인터넷 세상에서 할 수 있는 일에는 여러 가지 일이 있는데, 대부분 사람들의 흥미를 이끄는 요소를 담고 있으며 몰입하기에 충분한 재미가 있는 것들이다. 특히 게임에는 여러 가지 종류가 있으므로 아이가 하는 게임이 무엇인지 알아 두면 자녀와 이야기를 나누고 소통하는 데 도움이 될 것이다. 자녀 입장에서 엄마, 아빠가 내가 하는 게임이 무엇인지 알고, 관심을 가져 준다는 것만으로도 공감과 이해를 받았다는 느낌을 갖게 하기 때문이다. 다음 표에 아이들이 인터넷으로 할 수 있는 활동을 종류별로 나누어 보았다.

인터넷 활용 종류	내용
메신저	• 인터넷(PC, 스마트폰, 태블릿PC 등)을 이용하여 채팅, 사진/동영상, 음성 등을 주고받을 수 있으며, 영상 통화, 위치 정보를 제공하는 서비스 • 카카오톡, 라인, 스카이프, 페이스북 메신저, 위챗, 왓츠앱 등
SNS	• Social Networking Service의 줄임말로 특정한 관심사나 활동을 공유하는 사람들 사이에서 관계망을 구축해 주는 온라인 서비스 • SNS를 통해 의견이나 정보를 게시할 수도 있고, 그 이용자와 연계를 맺고 있는 대인관계 망과 구조가 드러나는 특징 • 카카오스토리, 네이버밴드, 페이스북, 인스타그램, 트위터 등
게임	• PC 및 이동용 모바일기기로 즐기는 게임으로 다운로드 받거나 모바일 인터넷에 접속해서 내려받는 게임
영화 및 TV, 동영상	• 영화 및 TV를 보는 어플이나 유튜브와 같은 사이트를 통해 지나간 TV 프로그램을 다시 볼 수 있음
웹툰(webtoon)과 웹소설	• 인터넷을 뜻하는 '웹(web)'과 만화를 의미하는 '카툰(cartoon)' 또는 '소설'이 합쳐져 만들어진 신조어. 즉, 온라인에서 보여 주기 위해 그린 만화 및 소설
전자책	• 문자나 화상과 같은 정보를 전자 매체에 기록하여 서적처럼 이용할 수 있는 디지털 도서
음악	• 음악을 제공하는 어플이나 사이트를 통해 음악을 들을 수 있음

○
인터넷 활용
종류와 내용
(두산백과)

인터넷을 활용하여 할 수 있는 놀이로는 '메신저로 대화하기, SNS 구경 및 관리하기, 게임하기, 영화나 TV보기, 웹툰웹소설이나 전자책 보기, 음악 듣기' 등이 있다. 자녀가 인터넷으로 '모바일

메신저, SNS, 웹서핑, 게임' 등 주로 어떤 것을 이용하며 즐거움을 얻는지 살펴보도록 한다. 인간이 어떠한 행동을 하고 있다는 것은 그것을 통해 만족감을 느끼기 위함이며, 이면에는 그것에 대한 결핍감을 느끼고 있다는 의미다. 예를 들어, 우리가 냉장고를 열어 '무언가를 먹거나 마시는' 행동을 할 때, 그 이면에는 '배고픔, 목마름, 당 부족, 허기짐' 등의 결핍감을 느끼고 있기 때문이다. 같은 맥락으로 자녀가 인터넷으로 무엇을 하는지를 살펴봄으로써 아이가 무엇을 어려워하고, 무엇을 필요로 하는지 이해할 수 있다. '자녀가 인터넷을 통해 재미를 얻는가, 친구와의 교류를 얻고자 하는가, 그저 습관인 것 같은가, 시간을 때우고 있는가, 해야만 하는 일을 회피하고 잊기 위해서인가, 그것을 통해 성취와 만족감을 얻는가?' 등과 같은 질문을 통해 자녀의 결핍감이 무엇인지에 대한 힌트를 얻을 수 있다.

스마트폰
과의존 위험군의
스마트폰 사용 특징
(한국정보화진흥원,
2016)

	스마트폰 과의존 위험군의 스마트폰 사용 특징
모바일메신저	• 가족보다는 친구/동료/연인과의 이용 시간이 김
SNS	• 불특정 다수에게 정보가 개방되는 특징을 지닌 SNS 이용률이 높음 • 재미, 의견 표현, 시간 때우기, 습관적으로 이용한다는 응답이 일반 사용자군에 비해 높음
게임	• 레이싱/러닝게임, 롤플레잉, 액션/슈팅, 스포츠, 전략 시뮬레이션 게임 이용 비율이 일반 사용자군에 비해 높음

인터넷 활용 실태조사에 의하면, 인터넷 과의존 위험군의 스마트폰 사용에는 특징이 있다. 스마트폰 이용자의 일반 사용자군이 주로 '메신저, SNS, 게임, 웹서핑, 뉴스 검색' 등을 이용하는 반면 과의존 위험군은 일반 사용자군에 비해 '게임, 웹서핑, 음악, 학업/업무용 검색, 영화/TV/동영상, 전자책' 등을 이용한다는 응답이 높다. 과의존 위험군의 스마트폰 이용 목적은 일반 사용자군의 이용 목적에 비해 콘텐츠가 좀 더 다양하고, '재미/스트레스 해소, 습관적으로, 시간을 때우기 위해' 사용하고 있었다. 다음과 같은 질문에 대한 대답을 통해 자녀는 무엇을 얻기 위해 인터넷에 과의존하게 되는지를 살펴보도록 하자.

우리 아이는 특별한 목적 없이 스마트폰을 자주 하는가?

＊ "딱히 할 게 없거든요." 상원이의 이야기

⇒ 상원이는 중학교 1학년이 된 여자아이다. 집안 형편이 좋지 않은 상원이는 다른 아이들이 학원을 갈 시간에 집에서 할 일 없이 지내는 시간이 많다. 상원이 부모님은 맞벌이 부부이기 때문에 상원이가 집에서 무엇을 하면서 지내는지 관심을 가지고 볼 시간 여유가 없다. 아침에는 상원이보다 부모님이 먼저 출근을 하시기 때문에 오래전부터 등교 준비는 상원이 혼자 해 왔다. 초등학교 때에는 큰 문제가 없었으나 중학교 입학 이후, 한 달이 지나지 않은 시점에 상원이 부

모님은 학교에서 전화를 받았다. 아이가 지각이 잦고, 어떤 날에는 학교에 오지 않은 날도 있었다고 한다. 학교 지원으로 상담을 받게 된 상원이는 "새벽까지 스마트폰 하느라고 잠을 늦게 자거든요. 그래서 아침에 일어나지 못해요."라고 하였다. 상원이에게 스마트폰으로 무엇을 하면서 시간을 보내는지 묻자, "딱히 없어요. 전 게임은 안 하는데…… 그냥 유튜브 봐요. 다른 사람들이 올린 거. 웹툰도 보고, 뉴스도 보는데…… 그러다 보면 새벽이에요. 근데 딱히 할 게 없거든요. 학교 갔다 오면……."

상원이의 스마트폰 사용 내용을 보면 특별한 목적 없이 이것저것 하고 있는 것으로 보였다. 또한 시간은 많지만 그 시간에 해야 할 일이 정해져 있지 않았다. 이 경우에는 시간 관리를 하지 못해 시간을 때우기 위해서 습관적으로 이용하였을 가능성이 크다. 인터넷을 하거나 스마트폰을 만지작거리지 않는다면 그 시간에 할 일이 마땅치 않다는 것을 의미한다. 일반적으로 부모들은 할 일이 없다는 이야기를 이해하지 못하고 학교 숙제, 학원 공부 및 숙제, 시험공부 등 해야 할 일이 넘친다고 생각한다. 그러나 '해야만 하는 일들'은 엄연히 말하면, 너무나 재미가 없어서 '하고 싶지 않은 일들'이다. 그것은 마음을 먹기까지 많은 에너지와 동기가 필요한 반면, 스마트폰은 '해야만 하는 일들'에 대한 존재를 잊게 하며, 재미도 있고 시간도 잘 보낼 수 있어서 일석삼조의 효과가 있다.

메신저 및 SNS 친구들 반응에 특히 예민한 반응을 보이는가?

(메신저 알림에 반응하며 수시로 스마트폰을 확인하기, SNS '좋아요' 반응을 확인하기, SNS 꾸미기에 열중하기 등)

＊ "SNS에서 인정을 받아요." 상아의 이야기

⟫→ 방과 후 수업 시간에 핸드폰을 사용하다가 담당 교사와 갈등을 빚게 된 상아는 담임교사의 권유로 상담 센터에 방문하였다. 상담 시간에도 상아는 스마트폰에서 알림 소리가 나면 수시로 보고 싶어 하고 안절부절못하며 불안해하는 모습이었다. 방과 후 선생님과 갈등을 빚었던 그날도 SNS 알림 소리를 듣고 스마트폰을 확인했던 것뿐이라며 억울해 하였다. 인터넷 세상에서는 상아가 SNS에 글을 올리면 수많은 댓글을 써주며 호응해 주는 친구들이 꽤 많았다. 상아는 스스로 끊어 보겠다고 다짐을 하고 노력도 해 보았으나 그들이 해주었던 '좋아요' 반응이 그리워 하루도 못 가 다시 가상 역할놀이를 하고 있는 자신을 발견하곤 하였다. 그 과정에서 상아는 스마트폰을 항상 휴대해야만 마음이 편했고, 배터리가 얼마 남지 않으면 예민한 반응을 보였다.

상아의 경우 현실에서의 대인관계가 원만하지 못할 가능성이 높다. 실제로 담임교사의 보고에 의하면, 상아는 반에서 친구들과 잘 어울리지 못하고 있었다. 상아 자신도 또래 관계에서 따돌림을 당한다고 생각하고, 잘 어울리지 못하여 외로움을 느꼈다. 또한 현실에서의 자신의 모습보다 스마트폰을 통한 가상세계에서의 자신의 모습이 훨씬 멋졌다. 가상세계 속 역할놀이를 통해 상아는 인정받고 싶은 욕구를 충족하고 있었다. 현실세계가 더 재미있다면 가상세계에 빠질 가능성은 적어진다. 가상세계에서 놀이하는 것보다 친구들과의 놀이, 가족과의 시간이 더 즐겁고 재미있기 때문이다. 그러나 인터넷 과의존 사용자들은 스마트폰을 대인관계의 교류를 위해 활용하기보다 불특정 다수와의 교류를 위한 SNS에 더 몰두한다. '교류'나 '상호작용'보다는 쇼핑하듯 다른 사람의 삶을 의미 없이 구경하거나, 누구나 볼 수 있는 공간에 자신의 삶을 포장하여 보여 준다.

중독성이 높은 게임에 몰두하는가?

(게임 레벨을 올리는 데 관심이 많다, 친구들 사이에서 게임 레벨을 자랑한다 등)

＊ "제가 반에서 레벨이 제일 높아요!" 국영이의 이야기

⫸ 중학교 2학년 국영이는 엄마에 의해 상담 센터에 억지로 오게 되었다. 상담 센터에 올 때에도 '핸드폰을 뺏기지 않기 위해서'라는 아주 중요하고 확실한 목적이 있었다. 국영이 엄마는 상담 센터에 잘 다

니면 스마트폰을 계속 사용할 수 있으나, 그렇지 않으면 스마트폰을 뺏겠다고 최후 통첩을 보낸 것이다. 국영이가 푹 빠진 게임은 컴퓨터로 하는 온라인 슈팅 게임이었다. "제가 반에서 레벨이 제일 높아요! 그래서 애들이 저한테 레벨 올려 달라고 먹을 거도 사주는 걸요?"라고 말하며 자랑스러워하던 그 표정을 잊을 수가 없다. 국영이는 게임을 하기 위해서 부모가 잠가 놓은 컴퓨터의 비밀번호를 몰래 알아내는 것을 반복하고 있었다. 컴퓨터 게임을 하지 못할 때에는 스마트폰으로 할 수 있는 다른 게임을 하면서 '잘하는 것'에 대한 인정 욕구를 채우고 있었다.

스마트폰 게임의 일반 사용자군은 퍼즐, 웹보드 게임과 같이 단순하게 시간에 구애받지 않는 게임을 선호한다. 스마트폰 과의존 위험군은 일반 사용자군보다 레이싱/러닝 게임, 롤플레잉, 전략 시뮬레이션과 같은 게임을 선호한다. 게임에 눈을 떼지 못하고 집중해야 하며, 자신의 캐릭터 레벨을 높이기 위해 시간과 경제적 소모를 아끼지 않아야 하는 특징을 가진 게임들이다. 게임의 특성상 스마트폰보다는 PC로 할 수 있는 게임이 있는데, 국영이의 사례에서 보듯이 남학생들 사이에서 PC게임은 인정의 도구가 되기도 한다. 또한 각 게임의 특성에 맞게 여자아이와 남자아이는 다른 게임을 선호하기도 한다. 여자아이들의 경우는 아기자기하고 무언가를 귀엽고 예쁘게 꾸미고, 자기네들끼리 공유하는 SNG 사회관계망 게임 게임을 선호한다. 게임 속에서 자신의 '집, 상점, 농장, 마을' 등을 가꾸면서 다른 게이머들이 꾸민 가상공간을 방문하며 공감대를 형성한다. 게임의 특성상 가상공간에 대한 레벨이 매겨지기 때문에 아이들은 보다 높은 레벨을 유지하면 얻을 수 있는 아이템 같은 이득을 얻기 위해 분발한다. 남자아이들의 경우는 인적 관계 형성 게임보다는 롤플레잉 게임, 슈팅게임, 레이싱 게임 등을 더 선호한다. 좀 더 역동적이고 자극적인 특성과 레벨이 올라가면 캐릭터가 강화되는 특성에 매료되어 친구들보다 좀 더 높은 레벨을 갖고 싶어 한다.

다양한 게임 중 아이가 선호하는 게임과 그 게임의 특성을 알아 두면 자녀의 성향을 파악하는 데 도움이 될 것이다.

◐
인터넷
게임의 종류

종류	내용
RPG (롤플레잉 게임)	• Role-Playing Game의 약자로 가상세계에서 모험의 주인공이 되어 이야기를 진행시키는 방식의 게임. 네트워크를 통한 MORPG와 MMORPG가 있음 • MORPG(Multiplayer Online Role Playing Game): 보통 4~8명 내외의 소수 인원이 파티 등을 이루어 진행하는 게임 • MMORPG(Massively Multiplayer Online Role-Playing Game): 수십 명 이상의 플레이어가 인터넷을 통해 모두 같은 가상공간에서 어떤 역할을 맡아서 즐길 수 있는 롤플레잉 게임(RPG)의 일종

	• 블레이드, 세븐나이츠, 별이 되어라, 영웅의 군단, 메이플스토리, 던전앤파이터, 리니지, 월드 오브 워크래프트 등
웹 보드 게임	• 인터넷에 접속해 PC 화면에 하나의 보드를 만들어 놓고 진행하는 방식의 게임 • 고스톱, 모두의 마블, 삼국지, 바둑, 장기, 애니팡, 포커 등
전략 시뮬레이션	• 적군과 아군이 동시에 용병술을 행하여 승패를 가르는 컴퓨터 게임의 한 종류 • 실전삼국, 클래시오브클랜, 세계정복, 이것이 전쟁이다 등
FPS	• First Person Shooting의 약자로 총과 같은 원거리 무기를 사용해 적을 제거하는 액션게임의 하위 장르 • 배틀그라운드, 오버워치, 서든어택, 스페셜 포스, 아바 등
RTS	• Real-time Strategy의 약자로 플레이어가 자원을 통해 생산한 병력으로 다른 경쟁자를 섬멸시키는 게임 • 리그 오브 레전드(롤), 스타크래프트 등
레이싱/러닝 게임	• 자동차나 오토바이, 비행기 혹은 캐릭터가 직접 달리며 경쟁을 함 • 카트라이더, 테일즈러너, 쿠키런, 다함께차차차, 윈드러너, 스키드러쉬 등
SNG	• Social Network Game의 약자로 온라인 환경에서 자신의 인적 관계를 형성하는 것에 중점을 둔다는 특징이 있기 때문에 '사회 관계망 게임'이라 부르기도 함 • 타운스테일, 에브리타운, 레알팜, 마이홈, 아이러브커피 등
TCG	• Trading Card Game의 약자로 특정한 테마나 규칙을 바탕으로 디자인된 카드 게임 장르를 일컬음. '트레이딩(Trading)'이라는 단어처럼 사용자 간 거래를 통한 수집 요소가 특징 • 밀리언아서, 마비노기 듀얼, 하스스톤 등
리듬게임	• 음악에 맞춰서 손 혹은 몸을 사용해 조작하는 게임을 총칭하는 말 • 리듬스타, 오투잼U, 클럽오디션 등

퍼즐	• 논리적인 사고를 통해 컴퓨터가 제시하는 규칙에 맞춰 문제를 풀거나 해결책을 찾아내는 방식의 게임 • 애니팡, 캔디크러시사가, 프렌즈팝, 백만장자 퍼즐여행 등
샌드박스	• 게임 안에서 유저의 마음대로 무엇이든 할 수 있는 시스템 혹은 플레이 방식 • 마인크래프트, 심시티, 문명, 야생의 땅 듀랑고 등

대리 만족을 느끼는 인터넷 영상을 자주 보는가?

때로는 직접 경험해 볼 수 없는 일을 인터넷 세상을 통해 대리 만족을 느끼기도 한다. 한 예로 '먹방'을 들 수 있다. 이것은 '음식 먹는 방송'의 줄임말이다. 동영상 속 어떤 사람이 직접 음식을 먹으며 시청자들의 식욕을 돋우면서 방송 시청을 유도한다. 어느 대중문화평론가는 "가족들이 함께 식사를 하는 일이 드물어지면서 방송 속 먹는 장면을 보며 마치 가족이 한 상에 둘러앉아 먹는 듯한 대리 충족을 느끼기 때문에 먹방이 인기를 끄는 것 같다."고 하였다. 또 웹툰웹과 카툰의 합성어이나 웹소설웹과 소설의 합성어에 몰입하는 과정에서 아이들은 웹툰 및 웹소설 속 캐릭터에 자신의 감정을 이입하여 현실에서 이루지 못했던 욕구를 대리만족하기도 한다. 현실에서 주눅 들어 있는 자신을 대신하여 웹툰 속 싸움을 잘하는 주인공에게 대리만족을 느끼기도 하고, 현실에서 인기 없는 자신을 대신한 웹소설 속 예쁜 여주인공이 멋진 남자 주인공과 데이트하는 모습에 대리만족한다.

인터넷을 찾게 되는 자녀의 마음 이해하기

인터넷은 부모가 어릴 적 했던 놀이 중 하나인 것처럼 자녀들이 친구들과 함께할 수 있는 놀이라는 것을 염두에 두어야 한다. 아이들은 태어나자마자 인터넷을 경험하는 세상에 태어났다. 따라서 인터넷이 없는 사회를 상상하기조차 어려울 것이다.

내 자녀는 어떠한 욕구가 좌절되어 인터넷의 어떤 특성을 통해 그 욕구를 보상받고자 하는 것일까? 이러한 질문에 대한 고민이 필요하다. 인터넷을 자꾸 하게 되는 자녀의 마음에 대해 이해해 보고자 하는 것이다. 자녀와의 대화를 통해 자녀가 인터넷을 하면서 어떤 마음이 채워지는지 알면, 인터넷을 지속적으로 찾게 되는 자녀의 마음속 허함과 결핍감이 무엇인지를 이해하게 된다. 자녀의 어떤 욕구가 결핍되었는지, 어떤 욕구를 채우기 위해 인터넷에 몰입하는지를 자녀 입장에서 이해해 보는 과정은 중요하다. 부모가 자녀 입장에서 이해해 보고자 하는 노력의 시도가 자녀에게 다가가는 첫걸음이 되기 때문이다.

* 스마트폰 게임을 통해 인정의 욕구를 채우던 중학생 규민이

⇒ 규민이 엄마는 핸드폰만 하는 규민이에 대한 고민이 이만저만이 아니었다. "아이가 하루 종일 핸드폰만 붙잡고 있어서 그것 때문에 잔

소리만 하게 되는 거예요. 그래서 더 싸우게 되고요. 사춘기가 돼서 그런지 뭔 일인지 얘기도 안 해서…… 말을 안 하니까 뭘 어떻게 이해해 보려고 해도 안 되더라고요. 그런데 선생님이 핸드폰으로 뭘 하는 것 같은지, 뭘 얻고자 하는 것 같은지를 물어보셨잖아요. 한 번도 그렇게 생각해 본 적이 없거든요. 그냥 못 하게만 했지. 그 말씀 듣고 게임하면 뭐가 좋은 것 같냐고 물어봤어요. 아이가 표정이 좀 밝아지더니 자기가 반에서 게임 제일 잘한다고 그러는 거예요. 레벨 제일 높다고. 쉬는 시간에 애들이 자기한테 와서 이것저것 물어본대요. 그때 그 얘기하면서 좋아하던 표정이……. 얘가 작년까지만 해도 자기는 인기가 없다고, 친구가 없다고 그랬거든요. 근데 게임하면서 애들한테 주목받고 인정받는 거구나, 그걸 좋아하는 거구나 생각하니까 좀 눈물이 나더라고요. 안 됐고, 불쌍해서……. (눈물)"

부모 상담을 통해 규민이 엄마는 규민이가 인터넷을 통해 무엇을 채우고 싶어 하는지 이해해 보려고 노력하였다. 규민이는 자신이 잘하는 스마트폰 게임에서 높은 순위를 유지함으로써 인정의 욕구를 채웠던 것이다. 부족한 욕구를 만족시켜 주는 무언가를 스스로 줄이는 것이 꽤나 어려운 일이라는 것을 알게 되자 규민이 엄마는 비로소 아이의 마음을 헤아릴 수 있게 되었다.

* 혼자 있는 시간이 외로웠던 초등학생 영주

➡ "학원 끝나고 집에 가면 할 일이 없어요. 그래서 그냥 집에 가면 방
에서 웹툰 봐요. 엄마가 오시면 같이 저녁 먹고 다시 방에 들어가
서 웹툰 봐요. 한 새벽 1시까지? 그래서 아침에 진짜 일어나기 힘들
어요. 저도 웹툰 끊고 싶어서 안 보려고 해 봤거든요. 그런데 할 일
이 없는 거예요. 엄마, 아빠 일하시고 바쁘시니까. 엄마가 자꾸 핸드
폰 보지 말라는데, 전 그럼 엄마, 아빠 오실 때까지 뭐 하고 있으란
거죠? 공부는 진짜 하기 싫은데……. 학원에서 계속 하다 왔잖아요.
TV는 오빠 차지라 엄마, 아빠 오실 때까지 할 일이 없어요."

맞벌이인 부모님을 기다리며 스마트폰으로 웹툰을 보는 게 습관
이 돼 버린 영주는 이제 스스로 웹툰 보는 것을 그만하고 싶다고 하
였다. 그러나 하교 후 덩그러니 홀로 있는 시간에는 외롭기도 하고
무엇으로 어떻게 보내야 할지 모르겠다고 호소하였다. 자신도 스
마트폰 사용에 대한 심각성은 인식하지만 스스로 자기 관리를 하
기에는 만들어 놓은 습관이 없었으며, 스마트폰 대신에 할 수 있는
적절한 대체물을 스스로 찾기란 어렵다. 영주의 외로움과 자기 관
리의 어려움을 알게 된 부모님은 영주와 함께 방과 후 시간에 할 만
한 활동들을 찾아 신청하였고 부모님이 오시는 시간까지 할 수 있
는 일의 목록을 만들었다. 또한 부모님은 주말에 시간을 내어 가족

여행을 가거나 문화 활동을 하였다. 영주는 자연스레 스마트폰 외에 친구와 가족과 함께 활동하는 것에 흥미를 가지게 되었다.

* 현실로부터 도피하기 위해 스마트폰을 했던 고등학생 현진이

⟩⟩→ 할 일이 없어서 주로 스마트폰을 만지작거리게 된다고 한 현진이는 스마트폰 이용 시간이 많다는 것을 인정하고 있었다. 현진이는 실업계 고등학교에 들어가고 싶어 했으나 부모님의 강요에 못 이겨 인문계 고등학교에 진학하였다. 학교에서 배우는 공부는 어렵게만 느껴지고 친했던 친구들은 대부분 실업계 고등학교에 진학하여, 지금의 학교에서는 정이 가는 친구도 별로 없다. 수업 시간에는 자주 졸아 여러 선생님께 찍혀버려 수업 시간이 더욱 곤욕스럽다. 상담 시간에 현진이는 이렇게 말하였다. "애들은 뭐 하고 싶다는 게 많은 것 같은데, 저는 꿈이 없어요. 꿈이 없는데 공부를 왜 해야 하죠? 저는 제가 좋아하는 게 뭔지 모르겠어요. 저는 잘하는 게 하나도 없어요. 공부도 너무 어렵고 하고 싶은 마음도 안 들어요. 그냥 스마트폰 하면서 시간 때우는 거죠."

현진이는 자기 자신에 대한 자신감, 자존감이 매우 낮아져 있었다. 자신이 잘할 수 있는 것은 하나도 없다고 말하는 현진이에게 스마트폰은 현실에서의 괴로움을 잊고 도피하는 공간이었던 것

이다. 현진이와의 오랜 상담을 통해 사실은 자신이 하고 싶었던 진로는 일러스트를 그리는 것이었다는 것을 알게 되었다. 그러나 부모님을 실망시키고 자신의 의견이 거절당할까 봐 두려웠던 현진이는 부모님께 자신의 마음에 대해서 이야기하는 것이 어려웠다. 가족 상담을 통해 현진이는 스스로 부모님께 자신의 마음을 표현하고 부모님의 지지를 통해 현진이는 미술학원을 다니게 되었다. 그리고 여가 시간에는 스마트폰 대신에 그림을 그리며 시간을 보내게 되었다. 그림을 그리는 현진이 주변에 친구들이 모여 들면서 또래 관계에 변화가 생겼으며 자신에 대한 자신감도 회복할 수 있었다.

자녀에게 다가가기

자녀와의 관계 회복

자녀와의 관계 회복이 우선되어야 자녀의 입장에서는 부모의 도움을 받을 준비를 할 수 있다. 부모는 염려가 되어도 인터넷 사용과 관련한 대화를 성급하게 꺼내는 것은 바람직하지 않다. 따라서 자녀와는 인터넷 사용과 관련된 대화보다는 자녀 그 자체에 관심을 보여 주는 것이 좋다. 자녀가 어떤 음식을 좋아하며, 누구와 노는지, 지금 힘들어하는 것은 없는지, 행복할 때는 언제인지 등 한 사람으로서 관심을 갖는 것이다. Part 3에 소개한 자녀와의 관계 회복 또는 좋은 관계를 유지하기 위한 부모-자녀 활동을 참고하면 도움이 될 것이다.

자녀 입장에서 경청하기

아이들은 자신의 감정과 기분을 잘 들어주는 사람에게 자신의 속마음을 드러낸다. 상담 장면에서 많은 부모들은 "애가 그렇게까지 이야기를 하나요? 왜 우리한텐 얘기를 안 할까요?"라고 하며 아쉬워한다. 자녀 입장에서 보면 자신을 표현하기 위해서는 우선 두 가지 대화 기술이 필요하다.

자녀의 이야기를 '잘 들어주기'

모임에서 친구의 이야기를 듣는 것처럼, 강의를 들을 때 강사의 이야기를 듣는 것처럼 자녀의 이야기를 그렇게 들어주는 것이다. 잘 들어주기 위해서는 먼저 눈맞춤을 해야 한다. 자녀가 이야기를 할 때, 자녀의 눈과 얼굴을 바라봐 준다. 어떤 아이들은 눈맞춤을 어색해하며 피하는 경우도 있다. 그럴 때마다 "눈을 봐야지."라고 이야기를 하면 자녀는 혼나는 느낌이 들 수도 있기 때문에 부모들은 그저 바라봐 주는 것부터 시작하는 것이 좋다. 사람들은 중요한 사람의 이야기를 들을 때에 고개를 끄덕이면서 "정말요?" "아~!" "그래요?" 등의 추임새를 넣는다. 자녀와 대화할 때도 듣는 동안 그저 고개를 끄덕여 주는 것만으로도 자녀로 하여금 '부모님이 내 얘기를 잘 들어주고 있구나.' 하는 안도감을 갖게 해 줄 수 있다. 따라서 자녀가 하는 이야기를 부모가 잘 들어주고 있다는 느낌이 자녀에게 전달되도록 해야 한다. 어떤 판단이나 결론도 내리지 않고, 고개를 끄덕이면서 들어주는 것을 연습하면 도움이 된다. 추임새를 넣기만 하는 것이 어색하다면, "엄마, 나 오늘 오는 길에 민서를 만나서 같이 왔어요." "그러니, 민서랑 같이 집에 왔어?"라고 자녀가 한 말을 반복해서 되풀이해 주는 것도 좋은 방법이다. 자녀는 '엄마, 아빠가 내 얘기를 잘 들어주시는구나.'라고 생각하게 되고 내가 존중받고 있다는 느낌을 갖게 된다. 상대방에게 존중받고 있다는 느낌을 받으면 그 상대에게 내 이야기를 해도 괜찮을 거란 믿음이 생긴다. 그 같은 믿음은 자녀가 부모에게 또 다른 이야기를 진술하게 할 수 있는 기초가 된다.

자녀의 말이 끝날 때까지 '끝까지 들어주기'

누군가와 대화할 때 간혹 다른 사람의 말을 끊고 끼어드는 사람들이 있다. 그런 사람은 모임에서 크게 환영받지 못한다. 다른 사람을 존중해 준다는 마음을 전해 주지 못하기 때문이다. 부모와 자녀를 함께 상담하다 보면 자녀가 하는 말에 답답하다는 듯 끼어드는 부모를 볼 수 있다. 자녀도 성인과 마찬가지로 무시 당하거나, 존중받지 못하는 것 같다는 생각이 들면 원활한 대화를 주고받기 힘들어진다. 아이는 논리적이지 않고 갑자기 다른 생각이 연상되어 흐름에 맞지 않는 이야기를 할 수도 있다. 나이가 어릴수록 그러하다. 성인이 되기 전까지는 잘 대화하는 방법을 배우면서 자라나는 과정에 있다는 것을 염두에 두고, 자녀의 이야기가 끝날 때까지 들어주는 연습이 필요하다. 간혹 자녀의 이야기가 다른 방향으로 흘러간다는 생각이 들면 "엄마가 이해한 게 맞나 봐 줄래?"라고 물어보면서, "~하다는 이야기니?" "조금 더 자세히 얘기해 줄 수 있어?" 등으로 자녀의 이야기의 흐름을 따라가도록 한다. 또는 "아~ 네 얘기는 ~해서, 이랬단 말이지?" 정도로 자녀가 스스로 이야기의 본래 주제를 찾을 수 있도록 반영해 줄 수도 있다.

일관성 있는 모습 보여 주기

⟫→ 사춘기 몸살을 겪고 있는 6학년 성훈이에게는 이제 막 4세가 된 동생 성재가 있다. 성훈이가 약 40분 정도 상담을 받고 있는 동안 대기실에는 성재와 엄마, 둘이 상담이 끝나기를 기다린다. 성재는 막상 형과 엄마를 따라 상담 센터에 오기는 했지만, 대기실에 있는 책을 혼자 읽기에는 어려운 나이였다. 막 퇴근해서 온 엄마가 피곤하여 대기실에서 눈을 감고 있자, 성재는 엄마의 핸드폰을 만지작거리기 시작했다. 엄마는 대기실에서뿐만 아니라 아이를 돌봐 줄 여건이 되지 않을 때마다 성재에게 핸드폰을 쥐어 주고 만화 동영상을 보여 준다. 그동안은 성재가 조용하게 있을 수 있어서 엄마도 쉴 시간이 마련되는 것 같았다. 그러나 어머니 면담에서 성재로 인한 또 다른 고민을 털어놓았다. 저녁 식사를 준비할 때처럼 아이에게 신경을 쓸 수 없는 바쁜 순간마다 아이가 조르면 동영상을 보여 줬는데, 이후 성재는 밥을 먹으면서도 스마트폰을 하겠다고 떼를 쓴다는 것이다. 모임에 가서 아이가 칭얼거리면 식사를 할 때도 만화 동영상을 보여 주었기 때문에 '식사 시간에는 스마트폰은 안 하는 것'이라는 훈계는 일관성이 없다. 습관이 된 성재는 스마트폰을 뺏기면 분노하며 눈빛마저 달라진다고 한다.

자녀를 이해하는 마음과 더불어 부모의 일관적인 양육 태도도 중요하다. 부모는 주체성과 일관성을 가지고, 스마트폰 사용을 허락할 때와 아닐 때를 구분해야 한다. 많은 부모가 유아 및 아동의 스마트폰 사용 지도 시에 '사용 시간을 제한하는 것'이 어렵다고 호소한다. 규칙 설정에 있어 부모의 형편이나 기분 상태에 따라 게임 이용 시간이나 규칙을 바꾸어서는 안 된다. 자녀와 합의하에 규칙을 정했다면 그것을 지켜 줘야 한다. 손님이 와서 자녀를 조용하게 하려고 정해 둔 규칙에서 어긋나게 스마트폰 사용을 허용하거나, 아이의 행동이 밉다고 부모의 기분에 따라 스마트폰을 사용하지 못하게 하는 식의 비일관적인 태도를 보여서는 곤란하다. 자녀 입장에서 보면 '규칙이나 약속은 필요 없는 것'이라는 인식을 갖게 되고, 부모의 눈치만을 살피고 기회를 노리게 되기 때문이다. 그 과정에서 자녀가 스스로 통제하고 자율적으로 조절해 보려는 노력은 연습하지 못하게 된다.

* 6학년 재민이 엄마의 걱정

⋙ 재민이 엄마는 남편과 함께 맞벌이를 하고 있다. 남편은 일이 늦어 밤 12시가 다 되어 들어오는 바람에 퇴근 후 재민이를 돌보는 사람은 오롯이 엄마 혼자의 몫이다. 엄마는 집에 와서 쉬고 싶은 마음이 굴뚝같다. 재민이가 알아서 공부하고 책도 읽어 주길 바라지만, 재

민이의 관심은 스마트폰 게임뿐이다. "얘가 뭐가 되려고 그러는지 모르겠어요. 학원 갔다 집에 오면 핸드폰부터 찾는다니까요." 저녁 식사 시간부터 잠 잘 때까지 재민이는 호시탐탐 게임할 시간만 노려서 걱정이라고 한다. 상담사는 저녁 식사가 끝나는 시간과 잠자는 시간이 언제인지 물었다. 재민이 엄마는 8시에 재민이와 함께 식사를 하고 아이를 11시에 재운다고 하였다. 그 시간에 엄마가 바라는 공부를 시키기 위해서 어떤 노력을 해 보셨는지를 물었다. 재민이에게 책을 읽고 공부를 시켜 보기도 하였지만 그 시간에 버티는 걸 힘들어 한다고 한다. 공부하는 것 중에 어떤 것을 힘들어 하느냐고 물었더니 재민이 엄마는 잠시 머뭇거리다 대답하였다. "공부를 하라고 방에 들여보냈는데, 자꾸 거실에 나오는 거예요……. 제가 보는 드라마를 자꾸 보려고 해서 못 보게 하고 방에 들여보내면 방에서 핸드폰을 하더라고요."

재민이와의 상담을 통해 재민이는 엄마와 함께 있고, 그 시간을 함께 공유하고 싶어 했다는 것을 알 수 있었다. 그러나 TV에게 엄마의 관심을 뺏기고, 때로는 드라마 속 대화 소리 때문에 공부를 잘할 수 없다고 하였다. 한편으로는 "엄마는 엄마가 좋아하는 걸 하면서 왜 나만 공부해야 해?"라고 반항심이 생긴다고 고백했다. 어른도 같은 공간에서 다른 사람이 옆에서 재미있는 것을 하고 있다면 자신의 일에 집중하기 어렵다.

때로는 앞의 사례와 같이 부모가 자녀에게 요구하는 행동과 부모 자신이 보이는 행동과의 불일치로 자녀는 혼란스러움을 겪기도 한다.

{ 자녀의 감정 읽어 주기 }

부모라면 해야 할 일은 하지 않고 인터넷에만 몰두하는 자녀를 볼 때 심정이 복잡할 것이다. 긍정적이고 만족스러운 감정보다는 걱정스러움, 화, 짜증, 안타까움, 서운함, 아쉬움, 불안감 등 부정적 감정을 경험하게 된다. 이러한 감정이 올라왔을 때는 일반적으로 타인에 대한 비난을 하게 되어 갈등이 일어나게 된다. 그러나 이때 자녀가 하는 이야기를 끝까지 들어주려고 노력하면 자녀의 이야기를 통해 자녀의 기분을 이해할 수 있게 된다. 자녀 역시 부모의 이야기를 들을 자세를 가질 수 있을 것이다. 자녀에게 "네 감정이 이랬구나."라고 반영하면서 너의 마음을 이해한다는 것을 전하도록 한다.

너 전달법

- 뭐가 되려고 매일 핸드폰만 하니?

- 그렇게 화낼 거면서 게임은 왜 하니?

- 내일이 시험인데 공부는 안 하니?

- 넌 게임 중독자야!

화, 짜증, 억울함, 답답한 감정

나 전달법

- 너가 스마트폰 때문에 정작 네 할 일을 못할까 봐 엄마가 좀 걱정이 되는데?

- 네 마음대로 게임이 잘 안 돼서 짜증이 났구나.

- 내일이 시험인데 혹여나 시험을 망치고 속상할까 봐 엄마는 걱정이 돼.

- 너무 오랫동안 게임을 하는 것 같아. 아빠는 네 건강이 나빠질까 봐 너무 걱정돼.

이해받음, 미안함, 고마운 감정

자녀의 발달단계에 따른
인터넷 사용 길잡이

{ 미취학 자녀를 어떻게 도와줘야 할까요? }

발달단계에서 유아는 0~8세로 정의할 수 있으나 이 책에서
는 쉽게 스마트폰과 같은 인터넷 매체를 사용할 수 있는 시기인
약 4세경부터 유치원을 다니는 시기_{초등학교 입학 전}까지로 나누어 보
았다. 초등학교를 다니기 시작하면서는 유치원을 다니던 때보다
또래 관계의 영향을 많이 받는다. 이로 인해 자녀가 유아일 때와
아동기_{초등학생 시기}일 때 인터넷 사용에 따른 부모의 역할이 다르다.

유아기 자녀는 부모의 이야기와 행동에 관심이 많다. 부모가
하는 일에 호기심이 많아서 이것저것 참견하고 싶어 하고, 부모
의 언행이나 행동 등을 따라 하기도 한다. 어른과는 달리 어린 자
녀에게는 매일이 새로운 것을 접하는 시기다. 특히 유아는 모든
감각기관을 통해 새로운 것을 접하며, 들은 것을 입으로 중얼중
얼거리며 따라 말하기도 한다. 부모의 행동을 관찰하여 자신의
방법으로 내면화하고 자신의 행동으로 직접 따라 해 본다. 이러
한 과정을 '모델링'이라고 한다.

유아에게는 부모가 가장 큰 영향을 미치는 존재다. 대인관계의 폭이 좁은 유아에게 부모는 가장 많은 시간을 보내는 사람인 동시에 가장 큰 영향력을 미치는 사람이다. 아직 스마트폰과 같은 인터넷 매체에 길들여지지 않은 유아에게 부모가 먼저 모델링이 되어 주는 것은 기초를 튼튼히 하는 방법이 될 것이다. 따라서 어린 자녀일수록 부모가 스마트폰 사용에 대해 적절한 조절을 해 주는 것이 좋다.

부모의 적극적 개입을 통한 조절

하나, 부모가 먼저 인터넷 사용을 절제하는 행동을 보여야 한다.

스마트폰을 자주 보고 있는 부모의 행동은 자녀들이 모방하기 쉽다. 유아는 옳고 그름을 판단하기 이전에 부모가 하는 행동을 보고 그대로 흡수하기 때문이다. 실제로 스마트폰 과의존 실태조사에서 부모가 위험군인 경우 자녀도 위험군에 속하는 비율이 높은 것으로 나타났다. 따라서 자녀에게 좋은 모델링이 되어 주고 싶다면 부모가 먼저 인터넷 사용을 자제하는 것이 필요하다.

둘, 자녀의 인터넷 사용에 대한 부부의 의견이 일치해야 한다.

부부 사이에서 자녀 양육에 관한 의견의 불일치로 벌어지는 갈등은 종종 있다. 만약 자녀가 스마트폰을 사용하고 싶어서 떼를 쓸 때, 부부 모두 단호하게 안 된다고 할 수 있는지를 생각해 본다. 부부 중 한쪽은 안 된다고 하는데, 다른 한쪽이 "조금만 하는데 뭘……." 하면서 줘 버리면 부부간의 일관성이 없어진다. 따라서 부부가 사전에 자녀의 스마트폰 사용에 대한 대화를 통해 의견을 조정할 필요가 있다. 자녀의 스마트폰 사용을 허용할 것인지, 허용한다면 시간은 어떻게 정할 것인지, 만약 자녀가 어기면 어떻게 할 것인지에 대한 합의가 되어야 한다.

셋, 스마트폰과 같은 인터넷 사용을 제한하면 그 대신에 할 일을 준다.

많은 부모가 자녀의 인터넷 사용 시간 제한에 어려움을 호소한다. 사용 시간에 제한을 두는 것이 어려운 이유는 시간 제한만 하려 하기 때문이다. 스마트폰을 사용하지 못하게 제한을 한 시간 동안 자녀가 해야 할 재미있는 과업을 제공할 수 있어야 한다. 부모는 인터넷 사용 제한과 동시에 자녀가 재미있어할 만한 것이 무엇인지를 함께 고민해 보고 결정한다. 그리고 그 활동을 안내하고 함께할 수 있도록 이끌어 주는 것이 바람직하다. 자녀의 나이가 어리다면 부모가 자녀의 대안 활동의 목록을 정해 주고 자녀가 선택하게 한다.

"성재야, 엄마가 이 일이 끝나려면 20분이 걸릴 거야. 시계 긴 바늘이 6에 올 때까지 마치도록 할게. (아날로그 시계 바늘을 통해 시각적으로 보여 준다.) 그동안 성재는 색종이 접기, 레고 놀이, 책 읽기, 로봇 놀이를 할 수 있어. 네 가지 중에서 뭐 하고 놀고 있을래?"

넷, 부모의 여건이 허락한다면, 부모도 함께 자녀와 놀이에 참여한다.

자녀가 스마트폰을 사용하지 않고 그 시간에 부모와 함께 놀이하는 시간을 갖는다는 것은 두 가지 의미에서 중요하다. 첫째, 자녀와 좋은 관계를 형성하고 유지한다. 둘째, 스마트폰보다 부모와 함께 놀이하는 시간이 더 즐겁다는 것을 경험하게 한다. "엄마, 아빠, 같이 놀아요."라는 말을 부담스럽게 듣는 부모도 있다. 함께 놀이한다는 것의 의미를 어딘가 근사한 곳에 가서 시간을 보내야 한다고 생각하기 때문이다. 함께 놀이하는 시간에 대해서 대단한 계획을 세울 필요는 없다. 집 앞 놀이터에서 뛰어놀 수도 있으며, 여건이 되지 않는다면 집에서 동화책을 함께 읽거나 자녀가 하는 놀이를 바라만 봐도 된다. 자녀가 하는 놀이를 보며, '인형 재워 주는 거구나.' '원숭이가 나무에 오르네.' 등 자녀의 놀이 행동을 있는 그대로 읽어 주는 것도 좋다. 자녀의 놀이에 관심을 갖는 것만으로도 자녀는 엄마, 아빠가 자신의 놀이에 함께 하고 있다고 생각하기 때문이다.

다섯, 우리 가족만의 인터넷 사용 규칙이 있음을 알려 준다.

인터넷 사용 규칙의 예는 다음과 같다.

- 가능하다면 스마트폰을 접하는 나이임을 정해 준다.
- 인터넷은 거실 등의 지정된 장소에서만 할 수 있다.
- 사용 시간은 하루 1회, ○분이다.(시간 개념이 없는 나이일 경우 '시계 바늘이 ○에 갈 때까지' 등)
- 식사 시간에는 사용하지 않는다.
- 잠자기 ○시간 전까지만 할 수 있다.
- 이용할 콘텐츠의 내용은 부모의 허락을 받아야 한다.

여섯, 아이의 보상체계로 인터넷 사용을 허락하지 말아야 한다.

일반적으로 부모들은 자녀가 해야 할 일을 다 마치면 스마트폰을 사용하게 해 주는 경향이 있다. 이것은 민감한 문제가 아닐 수 없다. 부모들은 스마트폰 사용이 아이에게서 원하는 행동을 즉각적으로 이끌어 내는 데 효과적인 방법이라 생각되기 때문이다. 실제로 많은 아이들이 부모에게 "엄마, 나 숙제_{심부름 등} 다 하면 게임하게 해 주세요!"라고 졸라댄다. 이때 많은 부모가 자녀의 할 일을 하게 하기 위해서 허락하는 경우가 많다.

다음의 두 가지 이유로 인터넷을 보상체계로 허용하지 말아야 한다. 하나는 보상체계로 활용하면 인터넷 사용 자체가 좋은 경험, 즉 '이득'이라는 개념이 생기기 때문이다. 자녀들은 과제를 하는 것, 엄마 심부름을 하는 것 등이 '게임을 하기 위한 것'이라고 스스로 정의 내리게 된다. 자신이 해야 할 일을 한 것, 누군가를 도와 준 호의적인 일조차 '내가 게임을 하기 위해서 한 것'이라는 의미 부여를 한다면 자신이 한 일에 스스로 뿌듯해하고 자랑스러워할 이유가 없어진다. 숙제를 먼저 끝마친 나는 '해야 할 일을 먼저 하는 부지런한 사람'이며, 엄마 심부름을 도와 준 나는 '엄마가 어려울 때 도움을 주는 사람'이지만 그러한 긍정적 자아상을 가질 기회를 잃고 만다.

또 다른 이유는 보상체계로 활용할 때에 '강화'되기 쉽다는 점이다. 즉시적인 효과는 있을지라도 장기적으로 보면 오히려 부정적인 결과를 초래한다. 시간이 흐를수록 자녀들은 처음에 허용한 시간보다 더 많은 시간을 원하기 때문이다. 따라서 앞서 이야기하였듯이 우리 가족만의 인터넷 사용 규칙이 있음을 알려 주고 자녀가 하는 과제와 심부름과는 상관없는 별개의 것으로 생각할 수 있게 해 주는 것이 좋다. 자녀가 과제와 심부름을 해냈을 때에는 궁극적으로는 칭찬과 같은 언어적 보상이 효과적인 방법이며 자녀가 긍정적 자아상을 가질 수 있도록 하는 좋은 방법이다.

어린 자녀와 어떻게 이야기를 나눌까요?

하나, 자녀에게 스마트폰 사용에 대해 부모가 직접 가르쳐 준다.

연구 결과에 의하면 스마트폰 과의존 위험군 유아 및 아동을 둔 많은 부모들은 사용 시간은 제한하지만 사용법을 가르쳐 주지 않는다. 즉, 아이들은 어른의 보호 없이 스마트폰 기기를 제멋대로 만지면서 스스로 터득한다. 부모가 사용법을 알려 주면서 사용 시간이나 장소 등에 대해 이야기를 나누는 것이 바람직하다. 이런 과정을 통해 자녀가 스마트폰을 사용하는 것에 개입하며 나아가 조절하는 법도 자연스럽게 언급할 수 있다. 또한 자녀가 실수로 다른 것을 누르지 않도록 부모님이 직접 아이가 보고 싶어 하는 영상을 틀어서 주도록 한다. 자녀의 나이가 어리다면, 부모가 직접 눌러 주는 영상만 볼 수 있도록 제한할 수 있다.

"서희야, 이거는 소파에 앉아서 볼 수 있고, 시간은 15분으로 정해져 있어. 이걸 너무 오래 보면 눈도 나빠지고 고개도 아프기 때문에 엄마, 아빠는 서희를 사랑하는 마음에 이렇게 정했단다. 또 엄마, 아빠 앞에서만 쓸 수 있는 거야. 왜냐하면 아직은 서희가 많이 어려서 이걸 사용할 때 엄마, 아빠 도움이 필요하기 때문이야. 네가 보고 싶은 것이 있으면 엄마, 아빠한테 얘기해 줄래? 오늘은 이걸로 뭐 보며 놀고 싶어?"

둘, 자녀가 약속한 스마트폰 사용 시간이 끝날 때쯤에는 남은 시간을 알려 준다.

자녀에게 남은 시간을 알려 줌으로써 자녀는 시간 관리에 대해 배울 수 있으며, 스스로 놀이를 마칠 준비를 할 수 있게 된다. 좋아하는 활동을 갑작스럽게 마치게 되는 아쉬움이 짜증으로 변하지 않도록 마음의 준비를 시켜 주는 것이 바람직하다.

"성재야, 긴 바늘이 2에 왔네. 이제 좀 있으면 우리가 약속한 3에 올 시간이 얼마 안 남았어."

셋, 자녀가 스마트폰으로 놀이하고 난 후, 그 놀이의 경험에 대해서 이야기를 나눈다.

스마트폰을 부모와의 상호작용이 될 수 있는 도구로 활용하는 것이다. 부모는 아이가 어린이집에서 집에 돌아오면, "오늘은 누구랑 뭐 하고 놀았어?"라고 물어본다. 아이가 무슨 놀이를 하며 하루를 보냈는지에 대한 관심을 보이는 것이다. 마찬가지로 자녀가 정해진 시간까지 스마트폰을 하고 나면, 이에 대한 이야기를 나눈다. 스마트폰 사용 경험이 기계적인 습관으로 끝나지 않고 그 경험에 대해 또 다른 경험으로 확장하여 생각할 수 있도록 도와주는 과정이다. 또한 스마트폰으로 놀이했던 과정에서 느꼈던 감정을 읽어 주어 경험을 감정과 연결시킬 수 있도록 도울 수 있다.

[생각을 확장시켜 주는 대화]

"오늘은 무슨 게임 했어? 지난번에도 그 게임 했었는데, 성재는 그거 좋아하나 보다. 오늘 게임은 지난번에 비해 뭐가 좀 달랐어?"

"오늘은 성재가 ○○를 봤잖아. 무슨 내용인지 엄마한테 얘기해 줄래? 엄마도 궁금하더라. 보니까 어땠어? 무슨 내용이었니?"

"성재는 ○○ 만화(게임) 제일 좋아하잖아. 다른 만화(게임)보다 그게 뭐 때문에 제일 좋은 거 같아?"

"○○ 만화에 나오는 친구들 중에 누가 너랑 제일 비슷한 것 같아? 뭐 보고 그런 생각이 들었어?"

[감정을 읽어 주는 대화]

"아까, 만화 보니까 ○○가 △△한테 화를 내는 것 같던데 무슨 일이었어? 너는 그거 보고 기분이 어땠어?"

"아까 성재가 ○○게임 하다가 아쉬워하던데, 무슨 일 있었어? 아, 아이템을 못 먹었어? 정말 아까웠겠다. 혹시 게임할 때 말고도 아깝고 아쉬웠던 적이 있었니?"

넷, 아이가 인터넷 사용을 스스로 조절할 때마다 칭찬을 한다.

자녀 스스로가 인터넷 사용을 자제하고 있다는 것에 대한 만족 감을 느낄 수 있도록 도와주는 과정이 필요하다. 그러나 어린 자녀는 '절제, 자제'라는 것 자체에 스스로 의미를 부여하면서 기쁨을 느끼기는 어렵다. 예를 들어, 다이어트를 하는 어른은 스스로 '내가 먹을 것의 유혹을 참아냈다.'고 자신을 칭찬하는 것이 가능하다. 그것은 메타 인지가 발달했기 때문이다. '내가 무엇을 생각하고 있는 것에 대한 생각'이기 때문에 초인지 또는 상위 인지라고도 불린다. 자신을 돌아볼 수 있기 때문에 '내가 무얼 하고 있는지, 자신이 잘하고 있는지, 무엇 때문에 힘들어하고 있는지' 등자신의 상태를 점검할 수 있게 만들어 준다. 메타 인지 능력은 신체적·심리적 발달과 함께 발달한다. 메타 인지 발달이 시작되는시기는 개별적인 차이가 있기는 하지만, 일반적으로 5~9세경에발달하여 성장해 나간다.

발달단계상 어린 자녀는 자신이 하고 있는 일에 대해서 스스로생각하여 자제하는 것이 어렵다. 따라서 부모가 시간을 정해 주고 자녀가 그 시간을 지켰을 때 즉각 칭찬을 해 주는 것이 중요하다. 자녀가 '엄마가 보라고 한 동영상 한 개만 보니까 엄마가 잘했다고 칭찬해 주서서 기분이 좋아.'라고 인식할 수 있도록 말이다. 자신이 하고 있는 행동에 대해 스스로 판단하여 칭찬할 수 있는능력이 충분히 발달되지 않았기 때문에 부모가 칭찬으로 보상을해 주는 것이 필요하다.

학령기 자녀를 어떻게 도와줘야 할까요?

아동기 자녀의 경우에도 부모의 '모델링'과 '일관성'은 중요하다. 유아기 자녀와 다른 점이 있다면, 아동기 자녀는 자신의 논리를 토대로 부모에게 말대답을 한다는 점이다. 따라서 부모가 일관적이지 않으면, 자녀와의 논쟁에 휘말리기 쉽다.

일관성 유지를 위한 인터넷 사용 규칙 만들기

하나, 자녀가 하는 게임의 연령 기준을 확인하고 게임 시간에 대한 기준이 있어야 한다.

우선 게임에는 연령 등급이 있으므로 자녀의 연령에 허용되는 게임이 정해져 있다. 게임의 연령 기준에 맞는 게임을 허용하는 것은 일관성을 지켜 주는 의미에서도 중요하다. "이건 12세부터 할 수 있다고 적혀 있네. 안타깝지만 아직 열 살이라서 할 수 없겠다."라고 한다면, 자녀는 어쩔 수 없이 12세가 될 때까지 기다려야만 한다고 받아들인다. 자녀가 이유를 대면서 해 달라고 했을 때에도 일관성 있게 "12세 이상만 할 수 있는 게임이어서 안타깝지만 할 수 없어."라고 단호하게 거절한다.

게임 시간에 대한 기준을 정하기 위해서는 아이와 부모 간 민주적인 대화가 필요하다. 일방적으로 "30분만 해."라고 이야기하면, 자녀는 제한시간을 어겼을 경우 "엄마가 일방적으로 정한 시간이 짧아요."라고 부모를 탓하게 된다. 따라서 다음 예와 같이 서로가 원하는 것이 무엇인지 나눠 보고, 조율해 가는 과정이 필요하다.

부모가 원하는 것
"적어도 시험 기간에는 게임을 안 했으면 좋겠다."

 아이가 원하는 것
"공부하다 보면 스트레스가 쌓여서 게임으로 풀고 싶어요."

"한 번 시작하면 끝까지 해야 하는 게임 규칙이 있어요"

 "공부하다가 스트레스를 푸는 정도만 하는 것이 좋겠다."

 "게임 규칙이 있는 것처럼 너의 시간에도 규칙을 정하는 게 필요한 것 같아."

 "게임을 마치는 시간이 정해져 있지 않기 때문에 게임 시간을 정할 수가 없어요."

 "보통 몇 분 안에 끝낼 수 있니?"

"때에 따라 다르지만, 20분 내에는 끝나요."

 "그럼, 하루에 30분 정도 시간을 준다면, 그 게임을 한 번은 할 수 있겠구나."

 "학교 다녀오고 학원도 다녀와야 하는데, 1시간은 주셨으면 좋겠어요."

"게임할 동안에는 뭐라고 하지 마시고, 시간 다 됐다고 이야기해 주세요."

 "그래, 그럼 엄마가 너가 시간을 잘 지킬 수 있도록 뭘 도와주면 되겠니?"

    자녀가 시간을 정하도록 하고 "엄마, 아빠가 어떻게 도와주면 좋겠니?"라고 물어보면서, 자녀가 스스로에게 장애물이 무엇인지 생각하게 하여 도와주도록 한다. 자녀가 약속을 지켰을 때에는 "시간을 잘 지켜 줘서 고맙다." "엄마, 아빠와 한 약속을 지켜 줘서 고마워." 등의 칭찬을 해 약속을 지킨 것에 대한 뿌듯함과 자신감을 가질 수 있도록 한다. 이러한 민주적 대화는 자녀가 다른 상황에서 갈등이 생겼을 때에도 그 갈등을 잘 해결할 수 있도록 하는 밑거름이 될 것이다.

둘, 자녀가 혼자서 보내는 시간을 잘 다룰 수 있도록 도와준다.

아이들은 시간이 생기면 습관적으로 스마트폰을 쥐곤 한다. 혼자서 보내는 시간을 무엇을 하며 어떻게 보내야 할지 모르기 때문이다. 자녀가 심심할 것 같아서_{종종 자동차 안에서 더욱 그러함} 동영상을 볼 수 있도록 허락하는 부모도 많다. 그러나 아이의 창의성은 무궁무진하기 때문에 그러한 걱정을 미리 할 필요는 없다. 간혹 주변에서 혼자서 '잘' 노는 아이들을 본 적이 있을 것이다. 놀이터에서 스마트폰을 하고 있는 아이들에 흔들리지 않고, 나름대로 자기 놀이를 만들어서 논다. 부모는 자녀가 혼자 보내는 시간을 잘 관리할 수 있도록 하는 보조적인 역할만 해 주도록 한다. 부모는 평소에 자녀가 좋아하는 혼자서 할 수 있는 활동을 알아 두었다가 필요할 때 제공해 준다. 컴퓨터나 스마트폰 없이도 자녀가 해 볼 수 있는 활동_{레고, 종이접기, 만화책, 그림 그리기, 만들기 등}은 평소 자녀와의 대화를 통해 알고 있으면 도움이 된다.

셋, 가족이 일주일 중 하루를 인터넷 하지 않는 날로 정하고 이 날은 가

족이 각자 그렇게 할 수 있는 방안을 생각한다.

일주일 중 하루는 가족 모두 인터넷 하지 않는 날로 정하는 방법도 효과적이다. 그러나 이 방법은 부모 모두의 단합이 필요하다. 한쪽 부모만 노력해서는 성공하기 어렵다. 인터넷 쉬는 날을 정했다면, 그날 자신은 무엇을 하면서 시간을 보낼 것인지 각자 이야기를 나누고, 서로 어떻게 도와줄 것인지에 대한 이야기를 나눈다.

"엄마는 그날 읽고 싶은 책을 보려고 해."
"아빠는 그날은 퇴근하고 산책을 하려고 해."
"재민이는 그날 레고를 만들겠다고 했지? 엄마, 아빠가 그날 네가
약속을 잘 지킬 수 있게 뭘 도와주면 좋을까?"

때로는 인터넷 쉬는 날에 부모-자녀가 다 함께할 수 있는 보드게임 등을 할 수도 있다. 보드게임은 현실세계에서 서로 얼굴을 마주보고 진행하며 부모와 대화를 나눌 수 있어 긍정적인 관계를 형성하는 데 도움이 된다.

학령기 자녀와 어떻게 이야기를 나눌까요?
앞서 언급했듯이, 부모는 자녀가 인터넷으로 무엇을 하는지 알

고 있어야 한다. 인터넷을 통해 자녀가 무엇을 하는지를 탐색함으로써 자녀가 인터넷을 통해 어떤 욕구를 채우고자 하는지에 대한 것을 파악할 수 있기 때문이다. 우리 아이는 인정이 필요한가? 아니면 친구들의 관심이 필요한가? 또는 혼자서 시간을 보내는 방법을 몰라서 습관적으로 하는가? 등에 대해서 생각해 본다. 그러기 위해서는 자녀에게 관심을 갖고 다가서야 하며, 자녀와의 대화가 필요할 것이다. 학교생활은 어떠한지, 어떤 친구와 무얼 하며 함께 노는 것을 좋아하며, 어떤 친구는 관심 없어 하는지 등의 대인관계에 대해 이야기하면서 자녀의 이야기를 끝까지 경청한다.

자녀와 대화하면서 질문을 하게 될 때는 "왜?"라는 질문보다는 "어떻게 그렇게 생각하게 된 거야?" "그렇게 한 이유가 궁금하네."라는 식의 질문이 좋다. '왜'라는 질문은 자칫 잘못하면 '왜 그랬니'라는 비난으로 들리기 쉽기 때문이다.

부모들은 "컴퓨터를 없앨까요? 스마트폰을 없앨까요?"라고 갑작스런 조치를 취하고 싶어 하는 경우가 있다. 그러나 강압적이고 일방적인 이 같은 결정은 자녀와의 갈등만 초래한다. 부모의 현명한 대처가 필요하다. 자녀가 스마트폰을 분실하거나 스마트폰이 고장 나는 경우도 있다. 스마트폰이 꽤 고가임을 생각해 볼 때, 그 자체가 자녀에게는 스마트폰을 자제시킬 수 있는 설득력 있는 이유가 되기도 한다. 비싼 스마트폰 대신에 메신저카카오톡만 가능한 폰으로 바꿔 주고 자녀와 함께하는 시간을 갖고 많은 대화를 할 수도 있다. 이를 통해 자녀를 스마트폰 게임에서 벗어나도록 도울 수 있다.

청소년 자녀를 어떻게 도와줘야 할까요?

자녀를 신뢰하고 자율성을 인정하는 범위 내에서의 조절

청소년은 아직 어른이 아니기 때문에 자신의 문제를 체계적이고 객관적으로 보는 것이 여전히 어렵다. 때론 어른보다 더 큰 덩치를 갖고 있는 청소년일지라도 여전히 심리사회적으로 발달하고 있는 단계에 있다는 것을 염두에 두어야 한다. 청소년도 자신의 상태를 객관적으로 바라보고 적당한 대안을 선택할 수 있도록 어른의 도움이 필요하다. 이러한 기준은 사회적 규범을 배우고 받아들이는 것을 위해서라도 필요하다.

하나, 자녀의 나이에 맞는 등급의 게임을 할 수 있도록 하기

부모가 먼저 15세 이상 게임인지, 18세 이상 게임인지 등을 살펴서 자녀의 연령에 맞는 게임을 할 수 있도록 돕는 것이 선행되어야 한다. 이러한 기준은 사회적 규범을 배우고 받아들이는 것을 위해서라도 필요하다.

둘, 인터넷을 사용하는 공간을 정하기

청소년기가 시작되면 자녀가 혼자만의 공간에 PC를 두고 싶어하는 경우가 종종 있다. 자녀의 방에 PC를 두면 인터넷에 더 자주 접속할 수 있는 공간이 확보된 것이며, 접속할 수 있는 기회 또한 더 많아진다. 그러나 스마트폰이 생긴 이후 PC에 비해 언제 어디서나 아이들이 게임을 즐길 수 있게 되었다. 이것은 자녀 스스로 사용시간을 관리하는 것이 더 어려울 수 있다.

PC는 사용하는 시간을 정하는 것처럼 공간을 정해 주도록 한다. 가능하다면 가족이 함께 쓰는 공동의 공간이 좋다. 누구나 함께 쓰는 공동의 물건이라는 인식이 있어야 합리적으로 사용하면서 건전하게 즐길 수 있다. 가끔 음식을 PC 앞에서 먹기를 원하는 아이도 있는데, 음식을 먹는 공간과 PC를 사용하는 공간을 명확히 분리해 주는 것이 필요하다. 공간 분리가 되지 않으면 시간 관리도 어렵기 때문이다. 스마트폰도 마찬가지다. 화장실에는 스마트폰을 가져가지 않도록 해야 한다. 스마트폰이 오염될 수도 있고 물이 묻어 고장 날 위험도 있지만, 무엇보다 화장실에 장시간 앉아서 스마트폰을 하는 것은 건강에 해롭기 때문이다.

셋, 인터넷 사용 시 휴식 시간을 갖도록 하기

청소년의 경우 인터넷을 못하게 하는 것은 어렵다. 친구들과 어울려 갈 수 있는 PC방은 무척 많다. 자녀가 스마트폰을 갖고 있을 경우에도 그러하다. 장시간 게임을 할 경우 눈이 피로하고, 허리 및 팔목이 아프고 거북목 증후군 등이 생길 수 있음을 알려 준다. 가정에서 자녀가 인터넷을 사용할 시에는 부모가 중간중간에 이것을 상기시켜서 휴식을 습관화할 수 있도록 도와준다.

> "성훈아, 지금 1시간 동안 인터넷 했는데 잠깐 쉬고 하는 것이 어떻겠니? 목 운동 좀 하고 잠깐 일어나서 걷는 것도 좋을 것 같아."

넷, 자녀와 함께하는 시간 및 함께할 수 있는 활동을 많이 만든다.

가족과 함께 인터넷 쉬는 날을 정할 수 있다면 더욱 좋다. 앞에서 언급하였듯이 그날은 인터넷 대신에 할 수 있는 활동들을 함께한다. 이는 가족 모두의 인터넷 하는 시간을 줄이는 효과가 있을 뿐 아니라, 청소년기 자녀와 함께하는 시간을 만들어 긍정적인 관계를 만드는 데 도움이 된다. 또한 자녀만 인터넷을 할 수 없게 제한하는 것이 아니라, 가족 모두 인터넷을 쉬며 함께하는 날로 만들면 청소년 자녀의 불만도 누그러뜨리는 효과가 있다.

다섯, 성취 경험을 만들어 줄 기회가 제공되어 있는지 점검한다.

인터넷을 자제하기 위한 다양한 방법을 통해 자녀와의 관계가 예전보다 좋아짐을 느낀다면 자녀는 그것만으로도 성취 경험을 느낄 수 있을 것이다. 이처럼 부모와 사춘기 자녀 간 이야기가 통한다는 것은 자녀에게도 긍정적인 경험이 된다. 성취 경험을 만들어 줄 기회는 사소한 것이라도 좋다. 작게는 부모가 부탁한 심부름을 해 준 것에 대해서도 "덕분에 편하게 마칠 수 있었어. 고마워."라고 아이를 추켜 세워줄 수 있다. "함께 공원 한 바퀴 돌고오자."라고 제안을 하고, 한 바퀴를 다 돌고 온 경험에 대해서도 이야기 나누고 "다음번엔 우리 두 바퀴에 도전하자." 등으로 조금씩 함께 있는 기회를 늘려갈 수도 있다.

청소년 자녀와 어떻게 이야기를 나눌까요?

청소년 자녀는 예민하다. 그러므로 부모가 나를 혼내고 야단치는 사람이 아니라 나를 도와주는 사람이라는 것을 인식할 수 있게 하는 것이 필요하다. 부모가 자신과 소통이 가능한 사람이라는 믿음을 가질 때 자신의 이야기를 하기 때문이다. 청소년 자녀와 친해지기 위해서는 대화의 폭이 넓어야 한다. 인터넷 사용과 공부에 대한 대화보다는 '사람' 그 자체에 대한 관심을 보이는 것이 중요하다. '자아정체성'이 형성되는 시기임을 감안할 때, 자녀는 '나는 게임을 많이 하는 사람' '공부 못하는 사람' 등으로 자신을 결정짓고 싶지 않을 것이다.

부모가 자신의 친구들과 대화할 때 주로 어떤 이야기를 나누는지 생각해 보는 것이 도움이 된다. 친구들을 만나서 '너는 연봉이 적은 사람' '너는 육아 스트레스가 많은 사람'이라고 친구에게 꼬리표를 붙이지 않는다. 친구에게 '요새 뭐 하면서 지내니?' '재밌는 책 있으면 추천 좀 해 줘.' '괴롭힌다던 상사는 어떻게 됐어?' 등 상대방이 어떻게 지내는지에 대해 물어본다. 자녀와 이야기를 할 때도 이러한 대화의 방식을 사용한다면 자녀와의 대화가 어렵지 않을 것이다.

자녀들은 선입견을 갖지 않고, 판단하지 않고 자신의 이야기를 들어줄 사람이 필요하다. 그래야 더 많은 자신의 이야기를 털어놓을 수 있는 힘이 생기며, 나아가 학교나 친구 관계에서 힘들어하는 점도 나눌 수 있다. 때로는 학교에 부적응하고, 또래 관계에서의 어려움으로 스마트폰에 빠져 사는 청소년이 있다. 자녀의 어려움이 무엇인지 파악하고 제대로 돕기 위해서는 '엄마, 아빠가 너를 도와줄 수 있다.'는 확신을 보여 줘야 한다.

청소년기 자녀와 이야기를 잘 나눌 수 있는 분위기가 형성된다면, 자녀의 꿈과 미래에 대한 이야기를 할 수 있다. 자녀가 부모에 대한 믿음과 신뢰가 서지 않은 상황에서 '너는 꿈이 뭐야?'라고 물어보는 것은 비아냥거리거나 공부와 연결시키는 시도로 오해하기 쉽다. 우선 자녀가 가지고 있는 장점의 근거를 들어 칭찬하는 것부터 시작해 보도록 한다.

> "너는 친구의 이야기를 잘 들어줘서 듣는 사람이 참 편할 것 같아. 너는 그런 네 장점에 대해서 어떻게 생각하니?"
> "엄마 심부름을 도와줘서 고마워. 덕분에 정말 편해졌어. 아까 보니까 정말 꼼꼼하던데?"
> "너는 맛에 민감한 것 같아. 이 국 간 좀 봐 줄래?"

이러한 칭찬을 통해 자녀 스스로 '어? 나한테 이런 장점이 있었나?'라는 것을 인식할 수 있도록 돕는다. 칭찬 이후에는 자녀에게 다음과 같이 다가갈 수 있다.

> "너한테 그런 장점이 있으니까 엄마가 보기에는 '사람 만나는 일'을 하면 잘 어울릴 것 같은데 어떻게 생각해?"
> "넌 정말 꼼꼼하고 차분하게 정리를 잘 하는 것 같아. 네 생각엔 어떤 직업을 갖고 있는 사람들이 그런 장점을 활용해서 일하고 있는 것 같니?"
> "간도 잘 보고, 음식에 뭐 들어갔는지도 잘 맞추는데…… 요리와 관

련한 일에 대해서 어떻게 생각해?"

　상담 경험에 의하면 자녀가 먼저 인터넷에 빠진 상황의 심각성
을 파악하고 인정하는 경우도 있다. 초등학생보다는 중학생이,
중학생보다는 고등학생이 그런 경우가 많았다. 인지가 발달할수
록 자신의 상황을 객관적으로 볼 수 있기 때문이다. 이 경우 대부
분 부모-자녀 간의 사이가 괜찮은 경우가 많다. 부모에게 반감을
가진 아이일수록 자신의 상황을 인정하고 받아들이기가 쉽지 않
다. 무엇보다 부모는 자녀가 인터넷을 통해 받는 긍정적·부정적
영향력에 대해 파악할 수 있도록 돕는 것이 우선이다.

1단계. ○○○ 하고 싶은 마음에 이름을 붙이자.

부모가 먼저 시범을 보여 주고, 자녀의 인터넷(스마트폰)을 하고 싶은 마음에 이름을 붙여 주는 놀이를 한다. 부모가 먼저 자녀에게 "아빠가 이번 달에는 좀 아끼고 싶었는데 계속 ○○을 사고 싶어서 잘 안 되네?" "할 일이 많은데 엄마가 계속 드라마를 보고 싶은데 어쩌지?"라는 식으로 부모의 속상하고 조절이 잘 안 되는 마음을 자녀에게 고백하고, 그 마음에 이름을 붙여 달라고 부탁한다. 자녀가 작명소가 되는 셈이다. 예를 들어, 아빠의 마음은 '홀릭'이라고 부를 수 있고, 엄마의 마음은 '라마'라고 이름을 붙이며 놀이를 하듯 이야기를 나눈다. 그리고 자녀에게도 무언가 안 하고 싶은데 자꾸만 하게 되는 마음이 있는지 물어본다.

2단계. ○○○을 통해서 얻는 이득이 뭐지?

2단계에서는 부모가 좋아하는 활동을 통해서 얻는 이득이 무엇인지를 이야기한다. "쇼핑을 하고 택배가 왔을 때의 기분이 진짜 좋은 것 같아." "드라마 볼 때는 힘든 일들을 잊을 수 있는 것 같아." 등 부모가 먼저 모델링을 해 준다. 이후 자녀의 인터넷 사용에 대한 장점을 다루어 준다. 자녀의 입장에서는 부모님이 자신이 재미있어하는 인터넷의 장점이 있다는 것을 인정해 주는 과정이다. 이 과정이 있어야 부모님이 자신의 이야기를 들어주고 있다고 생각하여 이후에 자신의 이야기를 편안하게 할 수 있다.

3단계. ○○○을 함으로써 내가 받는 영향은 뭘까?

이 단계에서도 마찬가지로 부모가 자신의 활동을 통해 자신이 받는 영향을 자녀에게 이야기해 본다. "물건 받았을 때는 기분이 진짜 좋은데, 빈 통장을 보면 정말 필요했던 거였나 생각하게 되더라."와 같이 부모 또한 잘 되지 않는 부분이 있음을 자녀에게 고백하고 자녀의 도움을 요청하는 자세로 다가가는 것이다. 그리고 인터넷에 대해 고민하는 자녀의 이야기를 잘 들어줌으로써 인터넷이 자녀에게 미치는 영향에 대해서 이야기할 수 있도록 돕는다. ○○○를 할 때에 기분에는 어떠한 변화가 생기는지, 친구 관계에는 어떤 영향을 미치는지, 건강의 변화는 있는지, 가족과의 사이가 어떻게 변화했는지, 삶이 어떻게 달라진 것 같은지 등 다각적으로 볼 수 있는 질문을 하며 이야기를 나눈다. ○○○의 영향력을 탐색함으로써 그것이 내 삶에 어떠한 영향을 미치는지를 알게 되는 과정이다.

4단계. 그래도 우리가 ○○○에게 휘둘리지 않을 때!

4단계에서는 ○○○에 빠져있지 않은 예외 상황을 찾아내는 이야기를 나눈다. 자녀에게 "그래도 엄마가 봤을 때, 네가 주말에는 안 하던데?" "아빠 기억으로는 우리 지난 번에 여행 갔을 때 안 하지 않았었니?" 등 자녀가 ○○○을 하지 않았던 상황을 잘 포착하여 자녀에게 되돌려 준다. 그리고 "그때는 어떻게 잘 참을 수 있었던 거야?"라고 잊지 않고 질문해 준다.

5단계. ○○○ 대신에 할 수 있는 대처 방안 만들기

만약 4단계까지 이야기를 충분히 나누고, 자녀가 자신의 습관을 고치고 변화하고 싶다는 마음을 내비쳤다면 다음과 같은 질문을 함으로써 자녀를 도와줄 수 있다.

"만약, 네가 ○○○을 하루 동안 사용할 수 없는 곳에 있다면 뭐 하고 싶어?" "네가 만약 나중에 죽기 전에 신이 다시 나타나서, 너에게 한 달 간 더 살 수 있는 시간을 준다면, 뭐 하고 싶어?" "너의 결심을 방해하는 방해물이 뭔 거 같아?" "네가 한 결심을 잘 지킬 수 있도록 엄마, 아빠가 어떻게 도와주면 좋을까?"

Part 3

인터넷 매체에
과의존하는 자녀와 가정에서
함께할 수 있는 활동들

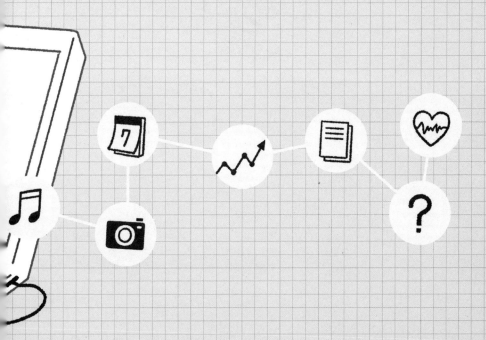

사람은 관계적 존재다. 마틴 부버Martin Buber가 '나'라는 단어 속에는 '너'라는 의미가 함께 포함되어 있다고 한 것처럼 사람은 혼자 살 수 있는 존재가 아니다. 이런 관계적 성향 때문에 사람은 외로움과 고립감을 느낀다. 만약 사람이 관계 속에서 친밀감을 얻지 못하면 이 욕구를 다른 것으로 채우고 싶어 한다. '다른 것'에 속하는 것들 중 하나가 매체다.

어린 시절부터 스마트폰에 익숙한 젊은 부부는 어린 자녀를 가운데 두고 각자 자신의 스마트폰을 보는 일이 잦고 익숙하다. 어린 자녀는 부모와 상호작용하려고 나름 열심히 자극을 보내지만 스마트폰 세상에 들어가 몰두하고 있는 부모는 자녀를 잊고 만다. 부모가 각자 스마트폰 세상과 깊은 관계를 맺을 때, 자녀는 심한 외로움과 고립감을 느끼게 된다. 물론 '나 외로워요, 쓸쓸해요, 나랑 같이 놀아줘요.'라고 이야기하지 못한다. 자녀들은 단지 외로움을 달래고 싶어서 부모처럼 '다른 것'을 찾아 헤매게 된다.

이는 자녀의 발달이나 연령에 상관없이 매체에 과의존하게 만든다. 부모가 얼마나 자녀와 상호작용을 하지 않느냐 혹은 자녀를 홀로 방치해 놓느냐에 의해 매체에 대한 과의존으로 진행될 수 있다. 따라서 이 장에서는 자녀의 연령에 국한하기보다 부모와 자녀 관계 속에서 친밀감을 얻을 수 있는 놀이를 소개하고자 한다.

이 놀이는 일명 '애착 놀이'로, 애착 놀이 가운데 엄마가 해 줄 수 있는 최적의 놀이는 마루 놀이이고, 아빠가 해 줄 수 있는 최적의 놀이는 신체 놀이다. 엄마는 언어적 상호작용이 많은 놀이를 함께하고, 아빠는 언어적 상호작용이 상대적으로 적지만 신체 활동이 많은 놀이를 함께하는 것이다. 아빠가 이런 신체 놀이를 함께 해 주면 자녀들이 나중에 커서 사춘기가 되었을 때 아빠를 존중한다는 사실은 연구에서도 밝혀진 바 있다. 여기에 소개한 놀이들은 자녀의 매체에 대한 과의존을 벗어나게 돕는 것이라기보다 인터넷 매체에 매달리는 것을 방지해 주는 예방책이 될 것이다. 부모가 자녀와 함께 여기에 소개된 놀이들을 하나씩 해 보고 서로 선호하는 놀이를 찾아가게 될 때, 몇 년 후 부모는 이 놀이들이 부메랑처럼 자신이 되돌려 받는 이자율 높은 적립식 적금이었다는 사실을 발견하게 될 것이다.

'다른 것'에 과의존하게 만드는 역동 과정
– 그것을 벗어나게 하는 애착 증진 놀이에 대한 꿀팁 –

매체에 의존하게 되는 원인

관계 대신에 매체를 선택하면 '친밀감'에 대한 욕구가 충족되는 것이 아니라 고립감이 더 커진다. '다른 것'으로 관계를 채울 때 어린 나이일수록 뇌가 파괴될 가능성이 높고 애착장애가 생길 위험이 높아진다.

매체에 과의존

인간이 가진 관계에 대한 욕구와 친밀감 충족을 위해 매체에 의존하는 과정을 반복하다 보면 매체와 애착 형성이 되어 시간이 오래될수록 점점 매체와 헤어지기 어려워진다. 또 '다른 것'으로 대체될 수 있기 때문에 인간관계에서 만족감을 경험할 기회를 반복적으로 갖도록 한다.

매체의 역이용

매체를 놀이에 활용하면 아이들은 매체에 집착하는 것이 아니라 그 매체를 다시 활용해서 다른 놀이로 연결하여 상호작용을 하기 때문에 집착과는 거리가 멀어진다. 이런 메커니즘은 모든 매체에 연결하여 활용할 수 있다.

부모와의 친밀감, 애착 증진 놀이: 매체 의존 예방책

신체 활동을 통한 오감각 발달 놀이

나는야   야구선수

시작하기 전, 신문지를 길고 두껍게 말아 테이프로 고정한다. 이것이 야구방망이가 된다. 그다음에는 신문지를 둥글게 뭉쳐 야구공을 만든다. 신문지로 만든 야구방망이와 야구공은 안전해서 집 안, 거실이나 방에서 야구를 할 수 있다. 먼저, 가위바위보를 한다. 승부를 정하는 것에서부터 아이들의 흥미를 유발할 수 있다. 아이에게 타자와 투수 중에 어떤 것을 하고 싶은지 물어본다. 아이가 타자를 하고 싶다고 하면 아이가 칠 수 있도록 종이 방망이를 들고 1~2m 거리를 두어 세운다. 부모는 투수가 된다. 놀이의 목적은 그냥 던지고 치는 것이 아니라 부모와 자녀의 상호작용에 있다. 따라서 공을 얼마나 잘 쳤느냐에 집중하지 말고 아이가 공을 치는 시도를 할 때마다 '스트라이크' '홈런' '파울' 등의 야구 용어를 크게 외쳐 준다. 이 놀이에서는 아이의 즐거움을 유발할 수 있는 반응이 중요하다. 놀이를 통해 즐거움이 생길 때 그 즐거움은 추억과 친밀감을 만들어 준다. 아이가 공을 못 맞히면 "잘 하고 있어, 기회는 또 있어, 괜찮아!"라는 말을 해 준다. 만약 공을 맞히면 아이 스스로 성취감을 느낄 수 있을 것이다. 아이가 날아오는 공을 치려고 노력하면서 협응력과 유연성 등 운동 기능도 발달할 수 있다.

아빠 달려!

집에서 흔히 할 수 있는 신체 놀이다. 아빠는 엎드려서 아이가 등 위에 탈 수 있는 말이 된다. 아이가 등에 탄 후 "이럇! 이럇!" 하며 아빠를 조종할 수 있다. 누워서 아이를 발등에 태우고 손을 잡은 후 위아래로 움직여 주면 재주 부리는 곰이 되기도 한다. 또 아빠가 바닥에 등을 대고 눕고, 아빠의 몸 위에 아이가 얼굴을 마주 보고 올라가서 서로 마주 보고 누운 후 팔을 쭉 펴고 손바닥을 맞붙였다 떼면 악어가 될 수도 있다.

이런 방식으로 창의적 놀이로 이어갈 수 있다. "아빠랑 어떤 동물이 되어 볼까?"라고 물어본 후 아이가 대답하는 동물은 어떤 것이라도 만들어 본다. 아이가 원하는 동물이 간혹 따라 하기 어려운 것이라 할지라도 함께 만들려고 노력하는 자세가 필요하다. "아빠가 나무늘보가 될 수 있게 도와줘." "아빠가 보아뱀이 될 수 있게 도와줘."라고 요청하면 아이는 신나서 아빠를 도와줄 것이다. 이 과정에서 아이는 아빠와 유대감이 깊어지고, 동물들의 특징을 인지하는 기회도 얻을 수 있다. 의성어를 사용하는 것도 언어 발달에 도움이 된다. "이럇" "컹컹" "캬악 캬악" "헝헝헝헝" 같은 반복적인 소리는 아이의 뇌를 자극한다.

외계인 걸음걸이

외계인은 어떻게 걸을까? 물구나무서기로 걷지 않을까? 발이 공중으로 약간 떠서 귀신처럼 '스르륵' 걷지는 않을까? 자녀에게 뜬금없는 질문을 하면 자녀의 창의적 사고가 촉진된다. 자녀들의 상상 이야기를 들어본 후 외계인 걸음걸이를 흉내 내 보자고 제안한다. 자녀들과 거실 바닥에 색깔 테이프를 사용하여 다양한 모양을 만든다. 지그재그나 회오리, 직선, 삼각형, 사다리 모양, S자, 구름 모양 등을 만들어서 붙인다. 그리고 그 모양을 따라 걷는다. 걸음걸이가 다를 때 외계인 이름도 다르게 붙여 보면 이것도 하나의 놀이가 된다. 꽃게처럼 옆으로 걷기, 뒤로 걷기, 부모를 따라 줄 서서 따라 걷기, 기어가기 등 다양한 방법으로 걷기 놀이를 해 본다. 운동신경도 촉진되고 융통성이 생긴다. 더 나아가 사람마다 걸음걸이가 제각기 다르다는 것도 이해할 수 있다. 아이들은 테이프 모양을 따라 걸을 때 바닥에 그려진 형태에 대한 인지가 촉진되고, 간단한 지시에 따라 움직이는 것을 배울 수 있다. 여러 방향으로 걷는 신체 놀이는 대근육 발달을 돕기도 한다.

나는야　　오동통 밤벌레

엄마나 아빠와 함께할 수 있는 놀이다. 부모는 아이와 거실 바닥에 납작 엎드린다. 배에 힘을 주고 엉덩이를 들어 올렸다 내리며 움직인다. 물론 생각만큼 잘 움직여지지 않는다. 배가 마루에 제법 눌려서 통증이 느껴질 수도 있다. 앞으로 가거나 지그재그로 몸을 움직이며 기어간다. 때로는 애벌레, 때로는 배추잎벌레가 된다. 기어 다니는 각종 동물들을 흉내 내 보자. 이 놀이는 운동량이 많아서 추울 때 집에서 할 수 있는 충분한 운동 겸 놀이가 된다. 아이는 엄마와 아빠의 모습을 흉내 내며 관찰력과 모방 능력이 생기기도 하고, 융통성 있는 아이들은 새롭게 학습하여 다른 연체동물을 흉내 낼 것이다. 다양한 연체동물의 움직임을 인지하고 개발할 수 있다. 나아가 다양한 연체동물의 움직임을 관찰하고 싶을 때 인터넷 매체를 활용할 수도 있다. 이때 매체를 사용하는 것은 아이들로 하여금 다양한 세상을 학습하는 매개로 자연스럽게 인식할 수 있는 기회를 제공한다.

무궁화호　　새마을호　　KTX 고속열차

먼저 끈으로 큰 원을 만들어 인간 기차를 만든다. 누가 가장 앞

칸에서 운전을 할 것인지 정한다. 자녀에게 이 순서를 정할 수 있는 기회를 주는 것도 좋다. 엄마, 아빠와 아이가 모두 함께 끈 안에 들어가 양손으로 끈을 잡는다. 자녀가 정한 순서대로 기차 칸을 연결한다. 달리는 속도에 따라 무궁화호, 새마을호, 고속열차가 된다. 열차 종류를 결정한 다음 인간 기차는 달리기 시작한다. 인간 기차는 함께 '칙칙 폭폭' 소리를 내면서 집 안 곳곳을 돌아다닌다. 목적지를 정하는 것도 좋다. 맨 앞사람이 기장이기 때문에 목적지와 간이역을 정해서 이곳저곳을 돈다. 부엌, 화장실, 방으로 방향을 틀 수도 있고 가끔은 급정거를 할 수도 있다. 누구를 어느 역에서 내리게 할지 결정할 수도 있고 티켓 값은 간식으로 정할 수도 있다. 추임새는 재미를 더해 줄 것이다. 함께 기차놀이를 하면서 움직임을 조율하다 보면 서로 공동체 의식이 생긴다. 가족이 함께 놀이에 참여하면서 애착 관계를 형성할 수 있는 것이다. 놀이를 하면서 "목적지가 어딘가요?" "새마을호는 무궁화호보다 얼마나 더 비싼가요?" "진주까지 고속열차가 있나요?"라는 질문으로 상황극을 연출하면 자녀의 언어 발달이 더욱 촉진될 수 있다.

터널 통과

엄마, 아빠가 터널로 변신하여 자녀들이 지나가는 놀이다. 이와 같은 신체 활동을 통해 상호작용하는 놀이는 단순하지만 친밀감이 극도로 유발된다. 의도치 않게 신체 접촉이 생기면서 신체 움직임뿐 아니라 발달도 촉진되기 때문이다. 엄마나 아빠가 두 다리를 벌리고 서거나 엄마와 아빠가 마주 보고 서서 손을 맞잡는다. 혹은 등을 대고 누워서 두 다리를 벽에 높이 기대거나 무릎을 구부려서 자녀가 지나갈 수 있는 공간을 만들어 준다. 그 공간은 터널이 된다. 아이들은 그 공간 사이를 통과할 수 있는 형태로 최대한 몸을 구부리거나 엎드리거나 기어야 한다. 아이가 지나갈 때 점점 좁아지게 만들 수도 있고 아이가 통과하기 어렵게 단계를 조정할 수도 있다. 혹은 지나갈 때 다리로 잡아서 터널을 통과하려면 요금을 지불해야 한다고 요청할 수도 있다. 요금은 손바닥을 맞부딪쳐 하이파이브를 하거나 뽀뽀를 해 주는 것으로 정할 수 있다. 아이가 터널을 통과할 때 긴장감을 주기 위해서는 언어적 유희로 "점점 터널이 닫힌다, 내려온다, 너를 잡으려 한다."고 말해 주면 아이들은 신나서 피하려고 빠르게 움직일 것이다. 이런 과정에서 아이들은 신체적인 움직임이 더욱 촉진된다. 단순한 놀이지만 부모가 이런 긴장감을 더해 줄 때 아이들은 긴장을 조율하는 방법을 배울 뿐 아니라 무엇보다도 자연스럽게 터널을 통과하기 위해 애쓰면서 도전 정신을 배운다. 그리고 성공했을 때 성취감을 느낄 수 있다. 이런 상호작용 놀이는 단순한 놀이를 뛰어넘는 부모와 자녀의 신체적, 정신적인 교감이다. 그 어떤 것보다 엄마, 아빠와의 신체 접촉은 자녀들이 심리적인 안정을 얻고 친밀감이 증대되어 애착을 형성하는 데 중요한 역할을 한다.

뒤뚱뒤뚱 림보 놀이

림보 놀이는 유연성을 기를 수 있고 난이도가 올라감에 따라 긴장감에 대처할 수 있도록 돕는 신체 발달 촉진 놀이다. 먼저, 등받이가 있는 의자 두 개를 준비한다. 의자를 1m 간격으로 두고 의자 윗부분을 끈으로 연결해서 아이가 줄 아래를 통과하게 한다. 통과할 때마다 줄을 위에서부터 조금씩 내린다. 처음에는 아주 쉽게 통과할 수 있게 줄을 높게 연결하는 것도 필요하다. 가족이 여럿이 하면 즐거움이 배가 된다. 엄마, 아빠의 과장된 몸짓이나 뻣뻣한 움직임은 아이들에게 기쁨을 줄 것이다. 특히 지나갈

수 없을 것 같아서 부모가 멈추거나 주저앉고 엉덩방아를 찧는 모습은 아이로 하여금 부모에 대한 친근감과 애착을 자연스럽게 촉진시켜 줄 것이다. 이런 좌절하는 상황에서 감정이 유발될 것이고 감정이 서로 교류하는 상황에서 한결 친근감이 촉진되기 때문이다. 아이들은 자신의 키보다 낮은 줄을 통과하기 위해 몸을 젖히고 구부릴 때 유연성과 신체 조절 능력을 기를 수 있다.

도구 및 재료가 필요한 발달 놀이

돌리도　도미노

도미노 블록은 아이들에게 집중력과 성취감을 주는 놀이로 꼽힌다. 도미노 블록이 없다면 바닥에 세울 수 있는 나무 블록이나 지우개, 작고 얇은 책도 가능하다. 도미노를 할 때 가장 중요한 팁은 적당한 거리를 두고 세워야 한다는 점이다. 너무 가깝게 세우거나 너무 멀게 세우면 절대 넘어가지 않는다. 자녀와 함께 도미노 블록을 정성스럽게 줄지어 세운다. 세울 때 모양도 직선으로만 하기보다는 다양한 모양으로 시도해 본다. 처음에는 난이도를 조절하여 쉬운 모양부터 시도한다. "시작!" 소리와 함께 자녀가 첫 번째 세워진 도미노를 가볍게 민다. 도미노 블록이 연속적으로 쓰러지는 모습은 통쾌한 감정을 유발한다. 침착하게 정성을 들여 블록을 세우는 과정에서는 부모와 자녀 사이에 정서적 유대감이 생긴다. 도미노 놀이는 시각 협응 능력과 촉각을 자극하여 소근육 발달에 효과적이다.

찾았다 보물섬

숨기고 찾는 놀이는 언제 해도 즐거운 놀이다. '지금 눈에 안 보이지만 사실은 어딘가에 숨겨져 있고 네가 나를 찾아 주길 기다리고 있다.'는 의미 자체가 애착과 관계되는 중요한 상징이므로 보물찾기 놀이를 하면서 대상 영속성 개념을 가질 수 있다. 자녀가 좋아하는 간식, 사탕이나 초콜릿 혹은 젤리를 이용한다. 때로는 크지 않은 장난감 등을 사용할 수도 있다. 집안 곳곳에 각종 보물을 숨긴 뒤 자녀와 함께 보물찾기를 시작한다. 아이를 배려해 일부는 낮은 위치나 조금만 노력하면 찾을 수 있는 곳에 숨겨

놓는 것이 중요하다. 난이도를 높이고 싶다는 생각에 어렵게 숨겨서 아이들이 잘 찾지 못하게 하는 부모들이 있다. 놀이 자체를 교육이나 훈육으로 사용하려는 마음을 버리고 '만약 내 부모가 나에게 이런 놀이를 해 준다면……'이란 생각으로 아이 입장에서 놀이에 접근하는 것이 바람직하다. 아이가 어려워하거나 혹은 한 개 정도를 찾지 못했다면 보물에 다가갈수록 소리를 내어 주거나 다섯 고개 퀴즈 등 힌트를 주어 보물이 숨겨진 위치를 알려 줄 수 있다.

아이들은 이런 과정을 통해 사회적 눈치를 배운다. 만약 자녀들이 숨겨놓은 보물을 다 찾는다면 그것으로 끝내지 말고 다시 부모가 상을 주는 것도 좋다. 포상으로 뽀뽀를 해 주거나 안아 주는 등 신체적 접촉을 하면 아이들은 뿌듯해하고 만족감을 느낀다. 자녀들은 자신이 부모가 숨긴 보물을 찾아내는 과정에서 자신감을 얻고, 단순한 찾기 놀이지만 지각 능력과 집중력을 기를 수 있다. 그리고 서로의 생각을 예측해 볼 수 있는 중요한 계기가 되어 사회적 센스가 증가한다.

도장 쾅쾅

이 놀이는 집안이 더러워질 수 있다는 것을 부모가 감당할 수 있을 때만 시도한다. 더러워지는 것을 염려하면 이 놀이를 하기

어렵기 때문에 차라리 안 하는 것이 바람직하다. 그렇지만 잠깐이라도 했을 때 아이들의 심리적 해소는 상상하지 못할 만큼 크고, 그런 기회를 준 부모한테 아이들은 고마운 마음을 갖는다. 거실 바닥에 넓은 전지나 신문지를 깐다. 전지 밑에 신문지나 방수가 되는 매트를 덧깔아도 좋다. 이제부터는 전지나 신문 위에 아이의 몸을 활용해 자유롭게 그림을 그려 나간다. "이제부터 작품 활동을 시작할게요. 작가님이 도장을 쾅쾅 찍으시면 그 도장은 엄청난 능력을 발휘할 거예요." 자녀가 피부가 민감하다면 유해 물질이 없는 위험하지 않은 천연식물 성분의 물감을 사용하는 것이 좋다. 자녀들의 손과 발에 물감을 묻혀 발도장, 손도장을 찍으며 작품을 만든다. 아이들은 이 놀이를 할 때 자신의 손과 발이 얼마나 큰지 자각할 수 있고 엄마나 아빠, 혹은 형제, 자매의 것과 비교해 보는 것도 재미있다. 다양한 손발의 모양과 크기를 비교하며 인지 능력을 키울 수 있다.

멀리 날아가라 비행기

종이를 사용하여 쉽게 접을 수 있는 것이 종이비행기다. 전단지나 재활용 종이를 활용하여 종이비행기를 접는다. 종이비행기도 조금씩 변형할 수 있다. 비행기를 균형 있게 잘 접으면서 협응력과 소근육 조작 능력이 발달한다. 비행기를 날릴 때 방향감각이나 조정력도 기르게 된다. 종이비행기는 종이의 질에 따라 날아갈 때 차이가 생긴다. 부모와 자녀가 종이비행기를 함께 접고 마루에 선을 그은 후 그 자리에서 비행기를 누가 더 멀리 날리는지 대회를 연다. 꼭 대회를 해서 누가 이기는지를 정하는 것이 중요한 것은 아니다. 아이들에 따라 승부가 놀이의 중요한 요소여서 누가 이기고 지는지 결정하는 과정을 즐기는 경우도 있지만 부담스러워할 수도 있다. 자녀의 특성을 고려하여 접근하도록 하자. 우리 아이가 승부를 부담스러워한다면 자연스럽게 아이를 칭찬하고 격려하면서 비행기를 날린다. 만약 아이가 이기는 것을 과도하게 좋아한다면 이길 수 있도록 기회를 자연스럽게 만들어 준다. 작은 것에 성취감을 느껴 본 아이들은 세상에 나가서도 도전하는 정신이 자연스럽게 생기기 때문이다.

딱지 딱지 콩딱지

단단한 종이로 딱지를 만들면 내려칠 때 소리도 좋고 실제로 다른 딱지를 따는 것도 손쉽다. 부모와 함께 딱지를 접는 과정에서 손 협응 능력도 생기고 손의 근력도 발달한다. 딱지를 접을 때 딱지 두 개를 합치면 딱지가 훨씬 더 강해진다. 딱지를 만든 다음에는 엄마, 아빠와 함께 딱지를 바닥에 내려치면서 놀이를 한다. 딱지를 내려칠 때 느끼는 통쾌함과 힘의 방출은 아이의 스트레스 해소에 도움이 된다.

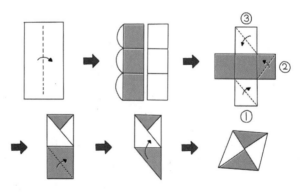

[딱지 접는 방법]

재활용 박스 기차 라고 칙칙폭폭

재활용 쓰레기에 불과한 박스는 다양한 놀이를 할 수 있는 좋은 놀잇감이다. 외국에서는 '박스를 사용해서 놀 수 있는 방법'이라고 이름을 붙인 동영상도 있다. 그 동영상은 다양한 방식으로 박스를 사용해 놀 수 있는 방법을 소개한다. 그만큼 한 가지 도구를 사용해서 다양하게 놀 수 있는 방법을 생각해 내는 것이 창의성이다. 박스에 아이를 태워서 끌어 주며 기차 놀이나 썰매 놀이를 할 수 있다. 아이와 함께 박스를 색칠하거나 꾸며서 연결하면 우리 가족만의 박스 기차를 만들 수도 있다. 부모가 먼저 자녀를 끌어 주고 난 다음 아이가 동생 혹은 인형을 태우고 끌어 줄 수도 있다. 간혹 아이들이 엄마나 아빠를 태워 주겠다고 제안하기도 한다. 아이들이 부모를 태워 주겠다고 하면 아이들의 책임감과 리더십을 촉진해 주기 위해서라도 기꺼이 응하는 것이 좋다.

냉장고를 부탁해

평상시에는 위험하다는 이유로 사용하지 못하게 했던 과도나 가위, 오븐을 사용해 볼 수 있는 날을 정해 아이와 함께 놀이하는 시간을 가져 본다. 요리는 과학과 수학 지식을 필요로 하고 미각, 후각을 발달시켜 주는 계기가 된다. 일단 냉장고에서 요리를 할 수 있는 재료를 찾아본다. 재료로 할 수 있는 요리를 생각해 보고 함께 요리책이나 인터넷 레시피를 활용하여 해 보고 싶은 음식이나 간식을 만들어 본다. 이런 것이 번거롭게 여겨진다면 간단하게 시중에서 포장되어 파는 떡볶이, 컵케이크, 호떡 같은 재료를 사용해서 간식을 만들어도 좋다. 다 만들고 나서 시식을 하면서 '먹방'을 찍는 것처럼 최고로 맛있게 먹어 본다. 요리는 사회성을 증진시킬 수 있을 뿐 아니라 즉흥적인 응용력도 배울 수 있다. 특히 음식은 애정을 상징하는 영역이므로 자신의 손을 사용하지 않고 서로가 음식을 먹여 주는 놀이를 해도 재미가 증진된다. 아이들은 간단하게라도 음식을 부모와 함께 만들면서 굉장한 성취감을 느낀다. 집에 혼자 있을 때 자녀들이 스스로 간식을 챙겨 먹어야 하는 것과 엄마나 아빠와 함께 간단한 음식을 함께 만들어 먹는 것은 같은 음식이라 하더라도 질적인 차이가 있다.

구기 종목 올림픽

공 하나를 가지고도 여러 가지 놀이를 할 수 있다. 아이들은 작고 탄력성 좋은 얌체 공부터 가볍고 질감이 부드러운 탱탱볼까지 모두 사랑한다. 특히 공이 부드럽고 말랑말랑하면 실내에서 구기 종목을 해도 소음이 적어 안전하고 마음이 자유롭다. 여기에 소개된 놀이들은 모두 실내 놀이인 만큼 구기 종목을 할 때도 안전을 생각하여 부드러운 스티로폼 재질의 공을 선택한다.

스티로폼 공으로 단순하게 서로 던지고 받는 공놀이부터 발로 차서 골대에 넣는 축구, 공으로 재활용 캔을 쓰러뜨리는 볼링, 빈 상자에 던져 넣는 농구, 바닥에 줄을 긋고 공을 서로에게 던져 맞추거나 도망 다니며 피하는 피구 등 다양하게 응용하여 구기 종목을 할 수 있다. 구기 종목 올림픽을 할 때 자녀에게 먼저 "감독님, 오늘 어떤 구기 종목으로 올림픽을 하실 예정인가요?"라고 인터뷰를 하듯 물어보면 아이들은 금세 역할극에 빠져 자신이 스스로 구기 종목을 결정하는 것에 뿌듯해할 것이다. 단순하지만 놀이를 통해 이런 의사결정을 하는 것조차 아이들에게는 사회성 영역을 자연스럽게 터득할 수 있는 하나의 기회가 된다. 자녀의 연령이 조금 어릴 때는 구기 종목을 할 때 부모가 입으로 '통통통' '쿵쿵' '떼구르르' 등의 의성어나 '슛' '골인' '덩크 슛' '스매쉬' '반칙입니다.' 등의 구기 종목의 용어를 사용해 주면 자연스레 학습 효과도 생긴다. 어린 자녀들은 엄마나 아빠의 반복적인 행동, 반복적인 의성어, 의태어를 좋아한다. 놀이에서의 의성어, 의태어 활용은 아이들의 언어 표현을 증진시켜 준다.

의외로 아이들이 좋아하는 놀이다. 자녀들과 한번 이 놀이를

하고 나면 매력에서 빠져나오기 어려워 자주 김밥 놀이를 해 달라고 조를지도 모른다. 아이들이 한번 해 보고 나서 "김밥 놀이해요."라고 요청한다면 부모는 속으로 쾌재를 외쳐야 한다. 아이들과 김밥 놀이를 잘해서 아이들이 만족스러워했다는 의미이고, 이렇게 이 놀이를 좋아한다면 애착 증진에 도움이 되고 있는 것이기 때문이다.

김밥 놀이에서 이불은 김이 되고 사람은 밥이 된다. 밥 위에 얹는 야채나 고기 재료는 엄마나 아빠가 손으로 넣는 시늉을 하며 아이들의 몸을 주물럭 주물럭 마사지를 하듯 꾹꾹 눌러 주면 된다. 먼저, 바닥에 얇은 이불을 깐다. 이불이 얇을수록 김밥 말기가 쉬워지고 두꺼운 김밥이 되지 않는다. 이불 한쪽에 아이를 눕힌다. 등을 대고 눕거나 엎드려도 괜찮다. 다음에는 밥을 잘 눌러 김에 붙여야 하므로 이때도 대사를 하면서 밥을 누른다. "자, 이제 김 위에 밥을 얹고 꾹꾹 눌러 주세요. 밥에 양념을 하고 밥을 잘 눌러 줘야 맛있는 김박사 김밥이 됩니다." 아이들은 엄마나 아빠가 밥을 누를 때 자신의 몸을 만져 주고 눌러 주는 것을 가만히 누워 즐긴다. "그다음에는 김밥 재료를 넣어야죠. 손님, 어떤 김밥을 원하세요? 주문하신 것이 치킨마요 김밥인가요, 불고기 김밥인가요?"라고 물어본 후 재료를 하나씩 넣어 간다. 당근, 시금치, 달걀지단, 단무지, 고기 등의 재료를 넣는다고 말하면서 다시 아이들의 몸을 어루만진다. 이렇게 재료를 다 넣고 나면 김밥을 싸야 한다. "이제는 김밥을 쌀게요. 재료가 옆으로 터져 나오지 않게 잘 눌러 주고 돌립니다." 아이를 이불과 함께 잘 돌돌 만다. 돌려서 김밥이 잘 말아지면 아이는 이불 속에 온몸이 꽁꽁 싸여 있다. 김밥이 완성되면 마지막으로 김밥 위에 솔로 참기름을 바르고 칼로 자른다. 물론 이 모든 과정은 엄마, 아빠의 손으로 하는 과정이며 말로만 표현하면 된다. 전체적으로 김밥을 싸고 자르고 먹는 과정은 모두 엄마, 아빠 손으로 자녀들의 온몸을 만지며 촉감으로 발달 촉진을 도모하는 것이고, 언어적 표현으로 덧입히면 된다. 맛을 보겠다고 할 때 김밥을 썬다며 손을 세운 후 손바닥 옆면으로 아이의 신체 여기저기를 자극하면 아이는 자지러지게 좋아할 것이다. 김밥 놀이는 엄마, 아빠와 자녀의 친화력을 높여 주는 최상의 놀이로 꼽을 수 있다. 특히 자연스러운 신체 접촉이 많이 일어나므로 애착 관계를 촉진한다. 김밥 놀이를 통해 돌돌돌 말리고, 반대로 풀리는 원리도 인지할 수 있다.

일기예보 놀이

방송에서 나오는 일기예보를 다 듣고 나서 칠판이나 스케치북에 그림을 그려가며 '다시 들려주는 일기예보'를 방영하는 놀이이다. 방송을 보고 난 후 기상 캐스터를 모방하고 모델링하는 과정에서 자연스럽게 명확한 발음이나 때로는 어렵게 느껴지는 용어를 배울 수 있다. 특히 이 놀이를 통해 아이들은 매체에 집착하는 것이 아니라 그 매체를 다시 활용해서 다른 놀이로 연결하여 상호작용을 하기 때문에 집착과는 거리가 멀어진다. 이런 메커니즘은 모든 매체에 연결하여 활용할 수 있다. 아이들 나름대로 기상 캐스터를 모방하지만 추가로 도화지나 칠판에 구름을 그리고 물방울을 그려 비를 나타내거나 번개나 천둥을 표현해 볼 수도 있다. 부모는 아이에게 "왜 똑같이 안 따라해?"라고 말하지 않도록 주의한다. 조금은 다르게, 아니면 아예 다르게 하더라도 그것 자체가 의미가 있는 과정이므로 아이들이 표현하는 모습 그대로 수용한다. 부모가 자녀에게 비나 눈이 온다면 혹은 바람이 많이 분다면 어떤 준비를 해야 하고 어떤 주의를 해야 하는지 알려 달라고 요청할 수도 있다. 그런 과정에서 아이들은 자연 현상에 대한 나름의 대처 능력과 융통성을 키울 수 있다. "일기예보를 들으니 갑자기 호우주의보가 있나 본데요. 우산이 없으면 어떻게 해야 하지요?"라고 단순한 질문을 해 본다. 아이들은 나름대로 우산이 없을 때 대처하는 방법에 대한 리스트를 만들 수 있을 것이다. 이 놀이를 통해 자연현상에 대한 관심도 늘어나 현실 감각이 발달할 수 있고 또한 자연현상에 대한 인지도 증가한다. 방송 매체를 보고 모방하는 과정에서 자연스럽게 기억력이 증진된다.

162   Part 3 | 인터넷 매체에 과의존하는 자녀와
가정에서 함께할 수 있는 활동들 |

비눗방울은 어른이 되어 가지고 놀아도 동심으로 돌아가게 만들어 주는 재주가 있다. 비눗방울을 불면 방울방울 안에 우리의 꿈과 바람이 함께 숨 쉬는 듯하다. 인어 공주 놀이를 통해 엄마, 아빠가 아이들과 함께 비눗방울을 불면서 터트리지 않고 다시 막대에 올리거나 온 몸으로 터트려 보는 등 비눗방울로 다양한 놀이를 시도해 본다. 엄마나 아빠가 비눗방울을 불면 아이들이 비눗방울을 잡게 하고 잡을 때마다 점수를 주는 것도 좋은 방법이 된다. 피부가 민감한 아이에게는 피부에 닿아도 안전한 비눗방울을 사용해 미션을 수행할 수도 있다. "인어 공주가 숨 쉴 때 나오는 방울방울을 손등으로 누가 많이 받나?"라며 어깨로 받기, 머리로 받기 등 신체 부위를 사용하여 비눗방울 받기 놀이를 하면 신체 감각이 발달하고 협응 능력도 촉진된다. 인어 공주가 숨 쉬는 방울방울을 잡으려고 혹은 터트리려고 따라다닐 때 아이들의 집중력도 늘어나고 미션 수행을 통한 성취감도 얻을 수 있다.

매일매일 빠른 속도로 성장하는 아이들을 위해 왕왕 키나 발 사이즈를 재는 것은 즐겁고 뿌듯한 일이다. 이런 척도 놀이를 할 때도 굳이 자를 사용할 필요는 없다. 아이들이 좋아하는 초코바 혹은 장난감 인형, 숟가락, 연필 등 아이들의 소지품 중에 마음에 드는 것을 골라 아이의 키나 발 사이즈를 잴 수 있다. "한 자, 두 자……"라고 세면서 길이를 재면 아이들은 수 감각도 키울 수 있다. 기록을 남기기 위해 사진을 찍거나 벽에 그림을 그리면 한 달 뒤에는 얼마나 자랐는지 비교가 되기 때문에 아이들은 더 잘 먹으려고 노력할 수도 있게 된다. "이렇게 자란 비결이 무엇일까?" 물어보기도 하면서 아이가 자라기 위해 노력한 것을 적어 볼 수도 있다. 자라나고 발전한다는 것은 작은 성취인 것 같지만 우리 인생 전체에서는 큰 기쁨이 될 수 있다. 아이는 척도 놀이를 하며 부모와의 스킨십을 통해 애착을 형성할 수 있다. 또 부모가 자녀의 키나 발 사이즈를 보면서 "우리 왕자님과 공주님의 키가 이만큼 자랐네, 발도 이만큼 컸네."라고 말해 주면 뿌듯함을 느끼고 신체 발달에 대한 스스로의 자각이 생길 수도 있다.

미각 테스트

"자, 오늘은 미각 테스트를 하겠습니다. 안대를 써서 눈을 가린 후 앞에 있는 음식을 맞추는 놀이입니다." 이 놀이는 먼저 후각을 이용해 음식 냄새를 맡고 맞추는 놀이로 진행하다가 지루할 때쯤 미각 놀이로 바꿀 수 있다. 즉, 냄새를 맡고 음식이 뭔지 맞추거나 맛을 보고 맞출 수도 있다. 맛을 볼 때는 음식 이름을 맞추는 것이 아니라 음식에 들어간 재료_{고춧가루, 간장, 마늘, 양파, 후추 등}를 하나만이라도 맞추는 놀이로 발전시켜 본다. 엄마와 아빠 사이에서 오감각의 발달을 촉진하는 놀이를 반복적으로 하면 아이들의 감각 능력이 확장될 뿐 아니라 더 나아가서는 육감과 같은 직관 능력까지 발달하게 된다. 그리고 눈을 감고 안 보일 때 음식을 만지거나 냄새를 맡거나 맛을 보아야 하는 상황에서 느낄 수 있는 공포를 경험하면 장애가 있는 분들의 어려움을 공감할 수 있는 기회도 된다. 감각 하나를 닫으면 평상시에 전혀 느끼지 못하는 다양한 감정과 감각 기관의 몰두를 경험할 수 있다. 평범한 삶 속에서 비범한 자녀들의 능력을 발견하게 될지도 모른다.

캥거루 콩콩 뛰기

바닥에 전지를 깔아서 그림을 그리거나 훌라후프 같은 원통 모양의 기구가 있다면 사용해도 괜찮다. 이 놀이는 팔방 뛰기를 변형한 놀이로, 팔방 뛰기가 부모가 어린 시절에 많이 하던 놀이였다면 어린 시절에 즐겨하던 놀이에 대해 즐겁게 설명해 줄 수도 있다. 친구들과 있었던 에피소드, 엄마나 아빠가 잘했던 놀이에 대해 이야기를 들려주면 아이들은 현재 자신의 경험이나 상황과 비교도 해 볼 수 있으므로 사회적 감각이 생긴다. 바닥에 전지

를 깔고 전지에 원이나 네모 같은 도형을 세 개나 네 개 정도 그
려 넣는다. 그리는 것이 쉽지 않거나 귀찮으면 약식으로 훌라후
프 세 개나 네 개를 바닥에 깔고 해도 된다. 훌라후프도 없을 때
는 끈으로 원을 만들어 모양을 만들 수도 있다. 먼저 납작한 지우
개를 준비한다. 술래는 지우개를 전지에 그린 그림이나 훌라후프
등의 도형 안으로 던져 넣는다. 그런 다음 지우개를 던진 도형 말
고 다른 도형 속으로 캥거루처럼 뛰어 들어가 한 다리로 선 채 지
우개를 집고 다시 도형 밖으로 나오면 점수를 얻는 놀이다. 놀이
를 할 때 가위바위보를 추가하거나 미션으로 어느 곳에 지우개를
던져 넣을 것인지 정한 후 놀이할 수도 있다. 미션을 수행했을 때
강화물을 줄 수도 있고, 미션을 수행하지 못했을 때 '엄마에게 뽀

뽀하기, 엉덩이로 이름 쓰기' 등의 귀여운 벌칙을 줄 수도 있다. 그렇지만 귀여운 벌칙일지라도 미리 적어 놔야지, 갑자기 정하면 아이들은 기분이 상할 수 있으니 주의한다. 아이들이 정서적으로 쉽게 삐치거나 까다로운 기질이라면 아예 벌칙은 없는 것으로 정한다. 캥거루 콩콩 뛰기는 한 발로 서서 하는 놀이이기 때문에 대근육 발달이 촉진되며 균형 감각도 기를 수 있다. 난이도를 조율하며 미션을 수행하면서 아이들은 긴장감에 대한 통제 능력을 배울 수 있다.

빨대 축구

빨대 축구는 빨대를 입에 물고 탁구공을 불어서 움직이는 축구 놀이다. 예능 프로그램에 빠지지 않고 나올 만큼 빨대 축구는 단순하면서도 즐거움을 주는 놀이다. 특히 폐활량 확장에 도움이 된다. 이 놀이는 엎드려서 하면 즐거움이 더해진다.

먼저, 마룻바닥에 서로 마주 보고 엎드린다. 처음에는 공 하나를 중앙에 놓고 누가 더 세게 불어서 중앙선을 넘기는지 승부를 가른다. 물론 부모의 입김이 더 세겠지만 아이를 위해서 입김의 세기를 조절하는 센스도 가져 본다. 다음으로는 양 끝에 골대가 될 만한 바구니나 종이 상자를 준비한 후 세워 두고, 상대 쪽 골대에 탁구공을 빨대로 불어 넣는 경기를 해 본다. 이때 아이와 내기를 할 수도 있다. 부모는 이런 놀이를 할 때 은근슬쩍 져 주어서 아이의 성취감을 극대화시켜 주는 것이 필요하다.

쿵푸 팬더 사부 놀이

이 놀이는 젓가락으로 물건을 집어서 그릇에 담는 놀이다. 누가 먼저 제일 많은 물건을 젓가락으로 옮기는지 승부를 가르는 것이다. 물건은 작은 것에서부터 큰 것으로 늘려갈 수도 있다. 큰 물건이나 인형을 집을 때 젓가락 대신에 손이 아닌 두 팔을 사용할 수도 있다. 콩이나 작은 과자, 사탕 같은 것을 젓가락으로 집어서 그릇에 담는다. 아니면 두 팔이 젓가락이 되어 봉제 인형을 집어서 정해진 장소에 넣는 놀이로 변형할 수도 있다. 쿵푸 사부처럼 '아호' '아자' 같은 의성어를 내며 놀이해 본다.

누가 누가 동전을 멀리 던지나

큰 종이에 과녁을 그린 다음 1~2m 떨어진 곳에 펼쳐 놓는다. 그다음 동전을 과녁을 향해 던지며 누가 더 안쪽 동그라미 가까이에 동전을 던지는지 대결한다. 아이를 배려해 과녁은 크게 그리고 엄마, 아빠는 일부러 아이보다 못 던지는 시늉을 해 준다.

과녁이라는 목표 지점에 동전을 던지며 도전하고, 과녁 안에 동전이 들어갔을 때 성취감을 느낀다. 동전을 던지며 유연성과 소근육을 발달시킨다. 동전 대신 병뚜껑을 사용하여, 다음 그림처럼 선과 선 사이에 넣는 게임으로 응용하여도 좋다.

선인장 키우기

이 놀이는 스트레스 해소에 도움이 된다. 먼저, 커다랗고 두툼한 우드락을 준비한다. 아크릴 물감이나 혹은 유성펜으로 키가 크고 뚱뚱한 선인장을 그려 넣는다. 그런 후 선인장 그림 위에 이쑤시개를 사용하여 가시를 만든다. 이쑤시개를 꼭꼭 꽂아서 가시를 완성할 때 뽀드득 소리가 나서 통쾌하기도 하고 심리적 이완이 촉진된다. 간혹 이런 색다른 감각을 촉진할 수 있는 재료를 사용하면 아이들의 미세한 감각이 발달한다. 선인장을 다 만들고 나면 성취감에 뿌듯하다. 반대로 가시를 뽑는 놀이로 변형하거나 누가 먼저 가시를 뽑는지 겨루는 놀이로 바꾸는 등으로 하나의 놀이로 다양한 즐거움을 경험할 수 있다. 이 놀이를 할 때 중요한 점은 결과가 아니라 과정이다. 즉, 얼마나 많은 가시를 꽂았느냐가 아니라 아이들이 이쑤시개로 가시를 만들 때 부모가 옆에서 격려하고 말로 반응해 주는 것이 가장 중요하다. 예로, "네, 지금 가시를 하나하나 꽂고 있네요. 속도가 빨라지고 있습니다. 가시가 너무 빨리 자라고 있어요. 이 많은 가시에 나비가 찔리면 어떻게 할까요? 가시가 어마 무시합니다. 지금은 가시가 다시 천천히 자라네요. 속도가 늘었다 줄었다 합니다."라고 언어적인 반응을 해 줄 때 아이들은 자신의 행동에 대한 자각 능력을 갖게 된다. 놀이에서 부모가 아나운서처럼 이런 언어적 반응을 해 주는 것은 아이들이 '내가 누구인지' 자아 감각을 키울 수 있도록 도와 건강한 사회적 아이로 자라는 데 큰 역할을 한다.

신체 놀이	마루 놀이 (상상놀이, 역할놀이, 예술놀이 등)
대근육을 써서 함께 뛰거나 모방하거나 기어다니거나 운동 기술을 요하는 놀이로, 신체 접촉이 필요할 수도 있으며 감정 분출, 신체적 이완, 적극적 상호작용을 촉진한다.	놀이 속에서 언어적 상호작용을 통해 적극적으로 사고와 정서에 대해 교감할 수 있는 놀이로, 소꿉놀이, 엄마아빠 놀이, 시장 놀이, 요리 놀이, 인형 놀이나 블록 및 병정 놀이 등이 포함된다.

- 이 분류는 성차별이 아니다. 엄마와 아빠가 자신의 강점을 최대한 발휘할 수 있는 특성에 의해 분류한 것으로 참조일 뿐이지 꼭 이렇게 해야 한다는 것은 아니다. 때로는 가정마다 부모의 특성이나 선호도에 따라 충분히 바꿔서 진행할 수도 있다. 다만 아빠들은 신체 놀이를 통해서 본인도 상당한 긴장 완화를 할 수 있고 감정 표출이 가능해지는 폭이 넓어지기 때문에 신체 활동을 통해 자녀들과 심리적 연결감을 잘 느끼게 된다.

전두엽 발달을 촉진하는 놀이: 인터넷 과의존 대처 놀이

인간의 존재를 특별하게 만들어 주는 뇌: 사령관 전두엽

앞에서 소개했던 미셸 박사의 마시멜로 실험에 의하면 14년 뒤 추적조사에서 실험에 참가했던 아이들 중 15분을 참아낸 아이들과 그렇지 않은 아이들은 다양한 방면에서 확연한 차이가 드러났다.

왜 이런 차이가 나타날까? 뇌 기능적인 측면에서 보면 전두엽에 차이가 있을 가능성이 크다. 인간의 뇌에서 가장 마지막에 발달하는 전두엽은 감정과 정보, 욕구 등을 통합하고 조절하는 '관제탑' 역할을 한다. 매 순간 들어오는 정보와 과거에 저장한 정보를 총괄하여 편집하고 재해석해 무엇을 어떻게 결정할지 정하는 곳이기도 하다.

전두엽 기능이 손상된 사람은 중요한 결정을 내릴 때 실수를 할 뿐 아니라 우유부단해지고 충동을 억제하기 어려워진다. 그리고 미래에 어떤 일을 할지 예측하거나 계획하는 일도 힘들어진다. 말수가 줄어들고 의욕이 없으며 꿈이 없어 보이는 멍한 사람이 되기도 한다. 그러나 뇌도 훈련하면 더 발전하고 좋아진다는 것이 고무적이다. 전두엽 훈련에 도움이 되는 놀이는 다음과 같다.

한 손 번쩍 "저요 저요!" 발표의 의미

뇌에서 언어 중추는 표현하는 센터와 이해하는 센터로 나뉜다. 일반적으로 감각을 받아들이는 곳은 후두엽, 감각을 종합해서 표현하는 곳은 전두엽이다. 언어도 마찬가지다. 알아듣고 이해하는 센터는 후두엽 쪽, 표현하는 센터는 전두엽 쪽에 있다. 그래서 들을 때보다 말할 때 전두엽이 더 활성화된다.

그러나 일상적인 대화에서는 전두엽 자극 효과를 보기 어렵다. 평상시에 자주 쓰는 표현을 후두엽에서 가져와 쓰는 경우가 대부분이기 때문이다. 전두엽 자극에는 연설이나 발표가 효과적이다. 특히 연설문 등을 보지 않고 발표하면 효과는 더욱 커진다. 학생이라면 발표할 기회가 되면 자기 의견을 정리하거나 어떤 사실을 요약해 발표하는 일을 자주 해 본다. 만약 발표할 기회가 없는 일반인이라면 신문기사나 책을 읽은 다음 자기 생각을 타인에게 얘기하는 것도 전두엽 활성화에 좋다.

단어 찾기 관련 게임 초성 놀이, 끝말잇기

왜 자기 생각을 정리해서 남들 앞에서 발표할 때 전두엽이 자극되는 걸까? 발표하는 동안 뇌에서는 끊임없이 단어를 탐색하기 때문이다. 후두엽에 저장된 단어 중 상황에 맞는 단어를 검색하고 끄집어 내어 말하는 것이 전두엽의 일이다.

전두엽 자극에 좋은 간단한 놀이 몇 가지가 있다. 첫 번째는 1분 안에 알고 있는 식물 이름을 최대한 말하기 등 정해진 시간 동안 조건이 제한된 단어를 가능한 한 많이 생각해서 말해 보는 놀이다. 두 번째는 '가'나 '오' 등 특정 글자로 시작하는 단어 찾기나 끝말잇기 등이다. 생각보다 단어를 빠르게 이어 나가기가 쉽지 않고, 나이가 많아질수록 1분 안에 말할 수 있는 단어가 눈에 띠게 줄어든다. 낱말 말하기를 하는 동안 fMRI자기공명영상 촬영을 해 살펴본 결과, 전두엽에 혈류가 몰려 활성화되는 모습을 볼 수 있다. 마지막으로는 십자말풀이도 있다. 첫 번째, 두 번째 놀이의 경우 두 사람 이상이 누가 더 많은 단어를 찾을 수 있나 게임을 하는 것도 좋은 방법이다.

TV를 끄고 책을 읽어라

최근 기능적 fMRI 영상 기술을 통해 운동을 하거나 외부 자극을 받았을 때 뇌의 어느 부위가 활성화되는지 알게 되었다. 반짝이는 불빛을 보면 시각중추 혈류가 증가하고, 오른손을 까닥이면 왼손가락 운동중추에 피가 몰린다. 그렇다면 반짝이는 불빛을 상상하면 뇌에서 어떤 반응을 보일까? 바로 시각중추가 활성화된다. 이때 뇌의 기억 센터에 저장된 것을 눈과 시각중추를 통해 재생하는데, 검색해서 재생하는 일을 전두엽에서 하게 된다.

책을 읽으면서 사람들은 책 정보를 조합하며 장면과 인물을 상상한다. 이는 전두엽이 후두엽에 저장된 장면 조각들과 인물 정보를 모아서 마치 영화를 만들듯 시각중추를 통해 재생하는 것이다. 이 과정에서 전두엽뿐만 아니라 후두엽까지 자극한다. 요즘 아이들은 유튜브를 좋아한다. 자신이 원하는 방송을 선택하여 구독하고 때로는 자신이 노는 것 대신 남이 노는 모습을 바라보며 즐거워하는 세대다. 넘쳐나는 시각 정보의 홍수 속에서 아이들은 전두엽을 발달시킬 기회를 잃게 된다. 무언가를 계속 시청하고 바라보는 것을 멈추고 조용히 눈을 감고 상상의 나래를 펴 본다. 혹은 책을 읽으며 그 내용을 유튜브에 소개한다고 생각하고 그려 보도록 요청한다.

전두엽 활성화 놀이

자녀들이 레고를 조립하면 부모들은 '논다'고 생각하지만, 이 와중에도 전두엽은 자극받고 있다. 레고 조각을 이어서 로봇이나 배를 만들어 보는 것은 오른쪽 뇌, 그중에서도 전두엽 활성화에 좋다. 빈 캔버스에 그림을 그리거나 빈 공간 설계, 공간에 가구 배치를 하는 것도 전두엽을 활성화하는 데 도움이 된다. 편지나

일기 쓰기 등 간단한 글 쓰기를 통해서도 전두엽이 활발해진다. 읽기는 주로 후두엽을 활성화하지만, 문장을 구성하고 생각을 표현하는 것은 전두엽에서 맡아서 한다. 특히 논리적인 글을 쓰면 전두엽 활성화에 더욱 도움이 된다.

또 다른 전두엽 훈련 방법으로는 네 개의 짧은 선을 서로 연결해 다양한 모양을 만들어 보는 것이다. 4분이라는 제한 시간 안에 서로 다른 모양을 최대한 많이 만들어 본다. 정상인은 여러 가지 모양을 만들어 낼 수 있지만, 전두엽이 손상된 환자들은 새로운 모양을 만들어 내지 못하고, 만들더라도 극히 제한적인 것 또는 계속 같은 것만 반복해서 만든다.

앞으로 어떤 일이 생길지 '예측'해 보는 것도 전두엽에 좋은 자극이 된다. 현재 상황을 바탕으로 미래에 어떤 일이 일어날지 예측해 본다. 화투를 치거나 패스, 장기 등을 두며 몇 수 앞을 내다보거나, 여행을 계획하며 경로와 경비 등을 짜는 등 일상에서도 전두엽 활성화는 가능하다.

부모와 청소년 자녀의 매개 놀이: 매체의 역습

{ 게임 및 스마트폰, SNS로 대화하기 }

요즘 아이들의 장래희망 중 새롭게 눈에 띄는 것이 있다. 바로 '크리에이터creater'로, 이것은 1인 방송, 1인 미디어를 의미한다. 디지털 콘텐츠를 창작하며 개인 혼자 자신만의 콘텐츠를 기획해서 운영하기도 하는 신종 직업군이다. 만약 자녀가 이런 꿈을 갖고 있다고 할 때 부모로서 우리는 어떻게 반응하고 대처할 것인가? 앞으로 직업의 세계는 점점 다양해진다. 자녀가 프로게이머가 될 수도 있고 게임 개발자가 될 수도 있으며 각종 매체의 크리에이터가 될 수도 있다. 이 직업을 가진 사람들 중 소수 그룹은 이미 우리 자녀 세대에서 새로운 영웅으로 대접받기도 한다.

그러나 인터넷 매체에 과의존한다고 해서 그러한 직업군과 연결되는 것은 결코 아니다. 실제로 인기 있는 '크리에이터'들은 다방면의 관심사를 지닌 사람들이고 대인관계 기술도 적절하기 때문이다. 과의존은 내용, 주제에 상관없이 그 어떤 것이라도 나쁠 수 있다. 중요한 점은 중독자들은 자신을 중독자라 부르지 않는다. 실제로 중독자는 광표이라는 말보다 애曫라는 단어를 더 선호한다. 따라서 청소년의 경우는 부모가 자녀와 함께 상호작용하려고 할 때 앞에서 소개한 놀이 리스트를 활용하기 어렵다. 오히려 매체 대신 다른 것에 관심을 갖게 하기보다는 매체를 역이용하는 방법이 현명하다.

도깨비 소환하기

나를 지켜 주는 수호천사를 불러내어 소원 하나를 들어주는 놀이다. 청소년기 자녀들은 발달단계 특성상 어떤 것에도 쉽게 반응하지 않고 재밌어 하지도 않으며, 특히 부모가 제안하는 것이라면 아무리 좋은 것이라도 거부하고 싶어한다. 청소년 자녀와 대화하고 싶은가? 마음을 사고 싶은가? 그렇다면 도깨비 소환하기 놀이가 좋다. 자녀에게 "도깨비 소환해 볼래?"라고 뜬금없이 물어본다. 이렇게 갑작스럽게 물어봐야 청소년은 잠시 흥미를 느낀다. 청소년 자녀가 대답을 하기 전까지는 아무런 반응도 하지 않는다. 기다리는 것이다. 묻지도 않았는데 다음 말을 하면 자녀들은 금방 "아니, 싫어."라고 할 것이기 때문이다. 흥미를 느끼는 표정을 보일 때 다음 말을 이어간다. "도깨비를 소환하면 네 소원을 하나 들어줘. 먹고 싶은 것 뭐든지 사 준대." 자녀들은 이 놀이를 할 때 특별히 비싼 것을 요구하지 않는다. 그저 자신이 먹고 싶고 좋아하는 음식이나 간식, 분식을 이야기한다. 처음에는 무조건 자녀가 원하는 것을 뭐든지 사 주는 것이 중요하다. 그래야 다음번 도깨비 소환 놀이에 흥미를 갖고 기대하며 기다릴 수 있기 때문이다. 이 놀이는 자녀의 마음을 부드럽게 만들어 부모와 조금은 가깝게 느껴질 수 있도록 해 주는 윤활유 역할을 할 것이다. 이 놀이를 종종 활용해야 자녀들은 부모 말에 귀 기울이게 된다. 부메랑은 먼저 던져야 받을 수 있다. 부모가 도깨비 소환 놀이로 먼저 관심을 던지면 자녀들은 그것에 반응하고 상호작용할 것이다.

너는 매체 전문가 나의 스승

이 놀이는 말 그대로 부모가 자녀에게 게임이나 인터넷 및 가상 세상을 배우는 것이다. 놀이를 하면서 자녀에게 자연스럽게 '선생님'이란 호칭을 사용해도 괜찮다. 자녀가 당황하는 모습을 보일 수도 있다. 그러나 부모가 자녀에게 "지도편달 부탁드립니다."라고 공손하게 말하며 학교 놀이를 하듯이 하면 자녀들은 은근히 이런 과정을 즐기고 만족해한다. 무엇이든 좋으니 자녀들에게 시간을 내어 매체에 대해 배워 보도록 한다. 그것은 게임이 될 수도 있고 자녀가 좋아하는 유튜브 방송, 웹툰이 될 수도 있다. 일주일에 한 번은 꼭 자녀가 선생님이 되고 부모가 학생이 되어 매체에 대해 학습하는 시간을 갖는다. 이런 역할 바꾸기 놀이는 "공부해, 숙제해."라는 부모의 잔소리마저 기분 좋게 들릴 수 있도록 만들어 주는 마법의 시간이 된다.

가족 밴드

이 놀이는 가족 밴드나 가족 단체 톡방을 만드는 것이다. 아이들은 선호하지 않겠지만 정보를 공유하기 위해 필요하다고 말하면 된다. 가족 밴드나 단체 톡방에서 사진도 올리고 부모의 감정을 조금씩 먼저 표현한다.

"엄마의 일기: 오늘 엄마는 앞집 아주머니가 '얼굴 좋아지셨네요'라는 인사말을 한 것에 상처를 받았다. 얼굴이 좋아졌다는 것은 뚱뚱해졌다는 말일까? 속상하다. 기분이 나쁘다. 살은 어떻게 뺄 수 있을까?"

이렇게 부모가 자신을 올리기보다 내려놓는 일기를 쓰면 자녀들은 부모를 더 놀리고 싶어 한다. 자녀가 놀린다고 속상해하기보다 놀려서 느껴지는 감정을 모두 표현해 보자. "엄마한테 그렇게 말하니까 더 상처가 된다. 난 어떻게 감정을 다스려야 하지? 어떤 방법이 도움이 되는 거니?"라고 물어본다. 이런 과정은 부모가 자신의 감정을 자연스럽게 표현하도록 돕는다. 그 모습을 보면서 자녀 또한 자신의 감정을 들여다보고 표현할 수 있게 된다.

감정을 표현하는 것이 위험하지 않고 혼날 일도 아니라는 것을 배운다. 가족밴드와 단체 톡방은 수다를 떨기 위함이거나 교육을 하기 위한 장소가 아니고 오로지 '감정'을 표현하고 나누며 공유하는 공간이 되어야 한다. 천천히 자신의 감정을 표현하는 것에 익숙해지고 자연스러워지면 사람은 매체에 과의존하기보다 관계를 선택한다.

단둘이 여행 가기

여기서 단둘이란 부모 중 한 사람과 자녀 한 명을 짝지은 것을 의미한다. 보통 가족여행을 많이 가는 것이 가족 행복의 비결이라고 생각한다. 숨겨진 비밀은 가족 여행을 구성원끼리 찢어서 가면 가족 전체가 가는 것보다 질적인 부분에서 효과적이라는 점이다. 엄마와 첫째를 묶으면 아빠와 둘째가 연결되고 아빠와 첫째를 묶으면 엄마와 둘째가 연결된다. 물론 자녀가 더 많다면 여러 번 나눠 가야겠지만, 이렇게 찢어져 떠나는 여행은 주로 초등학교 고학년이나 청소년기 자녀에게 효과적이다. 엄마나 아빠를 자신이 혼자 독차지하고 긴밀한 관계를 맺으며 여행할 수 있기 때문이다. 하루 코스부터 1박 2일까지 다양한 방법이 있으므로 지역이나 장소도 아이가 원하는 곳 위주로 선정하는 것이 좋다. 가능하면 전두엽 자극을 위해 여행 계획을 자녀에게 맡기고 소극

적으로 돕는 역할을 하자. 자녀와 단둘이 여행을 하며 그동안 자녀들이 참 하고 싶은 말이 많았다는 점을 깨닫게 된다. '내가 안 들어줘서 이야기를 안했을까, 아니면 이야기를 나눌 시간이 없었던 것일까?' 이런 생각보다는 '멍석을 깔아 주었기 때문이다.'로 생각을 바꾸도록 하자.

매체 과의존 아이들을 만나는
전문가에게 주는 tip

미취학 아동을 위한 치료 프로그램

문명이 발달함에 따라 인터넷 및 여러 디지털 매체의 사용이 다양해지고 폭넓어졌다. 중요한 것은 이런 발전으로 우리가 얻는 이익과 편리함이 있는 반면에 악용과 중독의 사례도 증가한다는 점이다. 사람은 비슷한 심리 체계를 통해서 중독이 된다고 보는 것이 일반적인 관점이지만 특히 연령이 어린 4~6세의 미취학 아동의 중독만큼은 '애착'과 '즐거움 추구'와 관련이 있다. 인간은 즐겁지 않은 감정을 피하기 위해서 즐거운 경험을 추구한다. 그런 후 즐거웠던 것으로 기억되는 경험을 반복적으로 하게 된다. 인간이 지루함과 공허함 같은 부정적인 감정을 해소하고 채우기 위한 문제해결책으로 시도하는 행동이 중독에 이르기도 한다. 즉, 근본적인 문제를 해결하고자 시도했던 행동이 또 다른 문제 행동으로 간주되는 것이다. 따라서 가장 탄력성도 높고 애착, 친밀감 문제, 즐거움 추구와 깊은 연관이 있는 미취학 아동을 대상으로 한 상담 프로그램은 아동의 문제 행동에 초점을 두기보다 다양한 문제해결력과 자원에 초점을 두는 사회구성주의 관점의 이야기 치료 프로그램이 적합하다. 또한 다양한 세상과 만나고 연결되는 경험을 할 수 있도록 미취학 아동을 위한 상담 프로그램은 예술과 놀이를 접목한다. 이 연령의 아동은 환경의 영향을 많이 받는 발달단계인 만큼 두 집단으로 나누어 접근할 수 있다. 한 집단은 부모와의 애착이 적절히 형성된 아동 집단이고 다른 집단은 애착 형성이 안정적으로 이루어져 있지 않거나 방임된 아동 집단이다. 집단의 특징에 따라서 기본적인 상담 프로그램 모형은 있으나 설문 조사 결과에 따라 수정·보완하여 다르게 접근해 갈 수 있다.

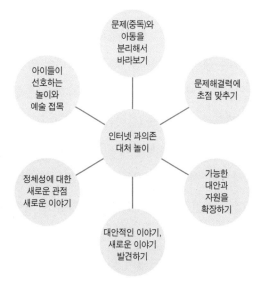

[이야기치료에 기반한 인터넷 과의존 대처 놀이 접근 방법]

세상과의 연결고리

세상은 나 자신, 가족 그리고 친구와 더 넓은 관계 체계를 포함한다. '세상과의 연결고리' 프로그램은 나 자신, 가족, 또래, 그리고 자연을 만나고 친밀감과 일치감을 경험할 수 있는 과정이다. 이 프로그램의 핵심 목표는 세상 속에서 '즐거움'을 새롭게 발견하는 것으로, 친밀감 형성 및 역동을 위해서 집단원은 4~5명으로 제한한다. 총 8회기로 각 회기는 60~70분 동안 진행된다. 대상이 미취학 아동인 만큼 프로그램의 주요 활동은 한 회에 한 가지 정도로 제한하되 반복적으로 심화되어 갈 수 있도록 각자의 소망의 나무_{예: 민아의 '소망의 나무', 영준이의 '소망의 나무'}를 제작하여 자원들과 긍정적 경험을 확장해 간다. 프로그램의 특성 및 장점은 다음과 같다.

* 취학 전 아동_{만 4~6세}의 인터넷, 디지털 매체 행동 특성 및 중독 관련 행동을 면접 조사한다.
* 아동의 인터넷 세계는 청소년이나 성인의 것과는 차별되는 만큼 어떤 유형과 매체를 즐겨 사용하고 있는지 아는 것은 예방에 도움이 될 수 있다.
* 아동의 애착 행동과 친밀감의 욕구 정도, 만족도를 함께 조사한다.
* 아동의 즐거움을 추구하는 욕구를 해소시켜 주는 행동을 조

사한다. 이 조사는 아동의 발달 연령을 고려하여 부모 및 대리 양육자, 기관 선생님을 대상으로 한 설문지와 아동을 대상으로 한 면담활동을 통해 얻는다.

＊ 애착 형성이 안정된 집단과 그렇지 못한 집단을 나누어서 특성에 맞게 프로그램을 수정하여 다르게 접근한다.

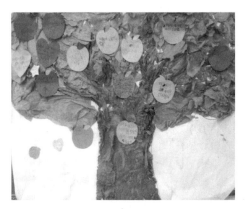

[소망의 나무]

1회기(초반) "나는 누구인가?"

1회기는 프로그램 소개와 서로 알아가는 시간을 갖는다. 이 활동을 통해 아이들은 자신을 소개하고, 내가 어떤 사람인지 객관적으로 볼 수 있게 된다. 먼저, 퍼펫을 통해 자신을 소개한다. 소개한 퍼펫들을 주인공으로 인형극을 만들어서 영화로 찍는다. 그 후 찍은 영화를 다시 보면서 주인공들에 대한 이야기를 나눈다.

마지막으로 자신을 대표한 퍼펫의 사진을 찍어서 이름을 붙인 후 각자의 '소망의 나무'에 붙인다. 아이들은 자신이 누구인지 간접적으로 소개하고, 그 과정에서 재미를 느낄 수 있다.

2회기(초반) "나는 ……다."

2회기는 나를 표현하고, 나에 대한 사실들을 발견, 탐색하는 것을 목표로 한다. 먼저, 콜라주로 자신을 표현한다. 자신을 표현한 콜라주 옆에 자신이 좋아하는 것들을 하나씩 적어 간다. 김밥 말기 활동을 통해서 신체적인 접촉을 통한 친밀감을 획득하는 시간도 가져 본다. 오늘의 활동을 통해 내가 새롭게 얻은 것을 '소망의 나무'에 그리거나 적어서 매다는 것으로 회기를 마무리한다. 아이들은 자신이 좋아하는 것들을 통해서 좋아하는 활동과 놀이까지 탐색할 수 있다. 또한 좋아하는 활동을 통해 얻을 수 있는 정서를 알아본다.

3회기(초반) "나를 둘러싼 모든 것 - 가족"

3회기를 통해 아이들은 나를 둘러싼 자원을 탐색하고 어려운 상황에서 어떻게 도움을 받을 수 있는지를 안다. 또한 가족과의 관계에서 얻을 수 있는 것들을 알아보고 얼만큼 자원을 얻고 있는지를 알 수 있다.

먼저, 인형의 집 꾸미기 놀이를 한다. 사진을 찍고 싶은 장면을 꾸민 후 인형의 집 사진을 찍는다. 다음으로 사진 위에 제목을 적고 무엇이 더 있으면 좋겠는지 '소망의 나무'에 매단다. 로션으로 서로에게 손과 발 마사지를 해 주며 회기를 마무리한다. 이 활동을 통해 가정에 대한 이미지나 자신들의 경험을 자연스럽게 재연하게 되며, 원하는 상까지도 그려 볼 수 있다.

4회기(중반) 탐색 "나를 둘러싼 모든 것 - 사람들"

4회기는 사람을 포함한 친구들의 소중함을 발견하고 관계의 소중함을 아는 것을 목표로 한다. 아이들은 동화책을 보면서 가장 마음에 드는 장면을 그림으로 그린다. 다음으로 그 그림을 배경으로 자신이 좋아하는 사람 5명을 넣어 이야기를 만들어 본다. 이야기를 녹화한 후 다시 보여 주고 '소망의 나무'에 달아 주는 것으로 마무리한다. 이 과정에서 아이들은 동화 속 인물이나 가장 마음에 드는 상황을 통해서 간접 경험을 하게 되고 자신의 새로운 이야기를 써 보는 경험을 할 수 있다.

5회기(중반) 탐색 & 확장 "나를 둘러싼 모든 것 - 자연"(야외활동)

5회기를 통해 자연이 사람을 편안하게 만들고 가장 가까운 존재이기도 함을 알고, 자연과 가까워지는 경험을 통해 자신이 자연의 한 일부임을 안다.

먼저, 세상 속 자연을 음악으로 만나면서 내가 가장 좋아하는 자연을 연상한다. 그 후 실제로 야외에 나가 조용히 바람의 소리를 들어본다. 각자 한 가지씩 자연물을 주워 와서 가장 좋아하는 자연물을 가지고 떠오르는 것을 만들어 본다.돌, 나뭇가지, 잎, 꽃, 솔방울, 모래, 조개 등. 활동이 끝나면 '자연물 작품' 사진을 소망의 나무에 붙인다. 바깥활동과 자연을 즐기는 활동을 통해 자연이 우리에게 주는 의미와 기쁨을 깨닫고 자연과 친구가 되는 경험을 할 수 있다.

6회기(중반) **탐색 & 확장** "나는 이만큼 컸어요."

6회기에서는 자신의 성장을 확인하고, 자신의 성장을 다른 사람들에게 알리고 전달하는 것을 목표로 한다. 먼저, 1회기에서 자신을 나타냈던 퍼펫을 다시 꺼내어 그 동안 무슨 일이 생겼고 무엇이 더 달라졌는지 이야기한다. 퍼펫을 주인공으로 달라진 상황을 나타내는 그림을 그린다. 그 다음으로 그림 위에 자신의 손도장과 발도장을 찍어서 신문에 광고지를 만든다. 이 회기를 통해 아이들은 자신들이 경험한 것들을 다시 확인하고 유포하는 과정을 경험한다.

7회기(후반) **판타지 여행** "나는 꿈이 있어요."

7회기는 아동이 판타지를 어떻게 처리하고 구성하는지를 통해 아동의 문제해결 특성을 알 수 있고, 핵심 주제를 탐색해 볼 수 있는 기회를 갖는다. 또한 여러 친구들의 문제 상황에 대해 예측해 보고 문제를 어떻게 해결했는지 다양한 방법을 공유한다.

판타지 인물이 그려진 영웅 카드 3~5장을 무작위로 뽑은 후에 마음대로 이야기를 꾸민다. 꾸민 이야기를 녹음해서 다시 들어보고, 친구들이 영웅에게 하고 싶은 말들을 전한다. 영웅들과 기념사진을 찍고, 사진을 소망의 나무에 붙이는 것으로 회기를 마무리한다. 아이들 안에는 각자의 영웅이 있다. 자기 안에 있는 영웅을 이야기하고 자랑한 후 영웅이 나와 함께한다는 것을 경험할 수 있다.

8회기(후반) **종결 파티** "나는 영웅이에요."

마지막 8회기는 종결 파티로 구성한다. 자신이 할 수 있는 가장 멋진 헤어스타일을 만들어 보고 가장 되고 싶은 영웅으로 분장한다. 그 영웅이 되어 가장 하고 싶은 일을 그림으로 그리고 이야기도 덧붙인 후 녹화를 하고 사진을 찍는다. 파티에 초대한 부모님과 교사에게 소망의 나무를 포함한 모든 것을 보여 준 후 함께 이야기를 나눈다. 이 활동을 통해 아이들은 자신을 새롭게 발견하고 자신의 변화를 유포하여 성장을 다질 수 있다. 자신이 가진 영웅의 이야기를 부모님과 교사에게 들려주고 함께 축하 파티를 한다.

학령후기 아동 혹은 청소년을 위한 치료 프로그램

어벤져스(AVENGERS)! 내 안의 잠잠한 영웅을 깨우기

이 프로그램은 할리우드의 대표적인 영웅 영화 〈어벤져스〉에서 제목을 따 만든 프로그램이다. 〈어벤져스〉에는 많은 영웅이 나오는데, 그들은 각각 남들보다 뛰어난 능력을 하나씩 가지고 있다. 그들은 모든 것에서 능력을 발휘하진 않는다. 한 가지씩 뛰어난 능력을 지니고 있을 뿐이다. 이처럼 세상의 모든 사람은 각자 영웅이다. 자신 안에 잠재되어 있는 조용한 영웅을 발견하고 깨워서 자신만의 능력을 발휘하도록 돕는 것에 이 프로그램의 목적이 있다. 이 프로그램은 우리 자녀들이 자신을 발견하고 존중하며 세상 속에서 좋아하는 것들을 찾고 도우며 살아갈 수 있도록 구성되어 있다. 이 프로그램을 통해서 매체 과의존 자녀가 배울 수 있는 기술과 치료 목표는 다음과 같다.

자녀들이 배울 수 있는 기술

 * 난 혼자 사는 존재가 아님을 배운다.
 * 관계 속에서 안정감을 가질 수 있다.
 * 새롭게 문제를 해결할 수 있는 기회를 갖는다.

* 건강한 사회적 관계를 경험할 수 있다.
* 그룹 안에서 다양한 대처 기술을 배울 수 있다.
* 자신의 자원과 경험을 표현할 수 있다.
* 경험 속에서 느낀 감정을 표현할 수 있다.

치료 목표

* 나 자신, 가족, 또래 그리고 자연과 세상을 만나고 친밀감과 일치감을 경험할 수 있다.
* 핵심 목표는 세상 속에서 '즐거움'을 새롭게 발견하는 것이다.

Attachment(애착): 관계의 시작은 애착이다. 애착 증진 놀이로 나와 타인을 이해하고 상호작용을 증진시킨다.

Victory(성공): 나는 누구인가? 내가 잘하는 것은 무엇인가? 내가 잘하는 것들의 리스트를 만들어 본다.

Esteem(존중): 나에 대해 이해하고 나면 나 자신을 존중한다. 나를 존중하는 방법에는 무엇이 있는지 살펴본다.

Nature(자연): 세상에 나를 둘러싸고 있는 자연을 이해한다. 나는 얼마나 자연을 이해하고 자연과 교감하는가?

Generation(세대): 내가 영향받고 살아 온 세대를 탐색한다. 내가 세계 안에서 세대의 문화적 흐름의 영향을 받으며 사는 한 공동체임을 깨닫는다.

Exploration(탐색): 내가 지금까지 살아 온 나의 삶을 되돌아보며 앞으로 어떻게 살고 싶은지 설정해 본다. 나는 어디로 갈 것인가? 무엇을 원하는가?

Restart(재시작): 다시 시작이다. 오늘이 내 삶에서 내가 가장 젊은 날이다. 나는 무엇을 시작할 것인가?

Self(자기): 이 모든 작업의 중심에는 '자기'가 존재한다. 나를 통해 세상과 만나고 사람들과 교류하는 것이다.

어벤져스 'AVENGERS'
세상에 존재하는 우리는 무언가에 월등히 뛰어난 영웅이다.
영웅은 누구나 각자 잘하는 것이 하나씩은 있다.

다음 질문을 집단 혹은 소그룹에서 사용한다. 이 작업은 자신을 이해하고 서로에게 자신을 소개하기 위함이다. 이 과정을 통해 서로에 대한 친밀감이 증대된다.

1. 내가 일 년 중 가장 좋아하는 날은 무슨 날인가요?
2. 내가 10억이란 돈을 갖게 된다면 어떤 일을 하고 싶나요?
3. 내가 정말 만나 보고 싶은 유명인은 누구인가요?
4. 내가 추운 날에 먹고 싶은 음식은 무엇인가요?
5. 나에 대해 다른 사람들이 기억해 주었으면 하는 한 가지는 무엇인가요?
6. 오늘 나의 기분을 동물로 표현한다면 어떤 동물이 될까요?
7. 나의 영웅은 누구입니까?
8. 내게 오직 하나의 소원을 들어주는 마법 열쇠가 있다면 나는 무엇을 바랄까요?
9. 내가 가장 재미있게 보았던 영화는 무엇인가요?
10. 내가 가장 말하기 어려워하는 이야기 주제는 무엇인가요?
11. 내가 가진 특별한 능력 중 하나를 말하라고 하면 나는 무엇을 말할까요?
12. 내가 세상에서 가장 슬픈 일이라고 생각하는 것은 무엇인가요?
13. 오로지 내일, 내가 원하는 건 무엇이든지 할 수 있다면 무엇을 하고 싶나요?
14. 내가 받은 선물 중 가장 좋아하거나 기억에 남는 것은 무엇인가요?
15. 내가 다른 사람과 가장 나누기 쉬워하는 감정은 어떤 것일까요?
16. 나는 무엇으로 유명해지고 싶나요?
17. 나는 어떤 동물로 변하고 싶나요? 이유는 무엇일까요?
18. 지금으로부터 앞으로 10년 동안 나는 무엇을 하면서 살까요?
19. 내가 다른 사람에게 가르쳐 보고 싶은 분야는 무엇인가요?
20. 내가 어디든 여행을 갈 수 있다면 어디로 가고 싶나요?
21. 내가 좀 더 배우고 싶은 분야가 있다면 그것은 무엇일까요?
22. 내가 말할 수 있는 가장 안전한 대상은 누구인가요?
23. 내가 유명한 사람과 하루를 보낼 수 있다면 무엇을 하고 싶은가요?

24. 내가 지니고 싶은 특별한 재능은 무엇일까요?
25. 내가 특별히 표현하기 어려워하는 감정 혹은 남에게 보여 주고 싶지 않은 감정은 무엇인가요?

이 작업을 역동적으로 하고 싶다면 다섯 개 정도만 선택해 반응한 후 이름을 밝히지 않고 읽는다. 그래서 누구의 것인지 맞추는 게임 형식으로 진행한다.

Victory (성공) 세상을 향한 종합선물세트 콜라주

이 활동은 집단 혹은 소그룹에서 사용한다. 이 작업은 자신이 좋아하고 자신 있어 하는 목록을 만들기 위함이다. 이 과정에서 자신에 대한 자신감이 증진된다.

먼저, 잡지책 안에서 미리 사진이나 그림이 많은 페이지들을 뜯어 놓는다. 잡지책을 그대로 사용하면 집중력이 떨어질 수 있다. 4절지 도화지는 색별로 준비해 놓아서 아이들이 자유롭게 선택할 수 있도록 한다. 색지 선택 과정에서 자신의 의견을 피력하며 자연스럽게 자신감이 생길 수도 있다. 그 후에 잡지책 이미지들 가운데 '내가 잘하는 것'과 '자신 있는 것' '자랑스러운 점' '좋아하는 것'들을 골라 선택한 색지에 붙인다.

다 붙이고 나면 자신이 세상에 줄 수 있는 종합선물세트를 어떻게 포장하고 싶은지에 따라 데코레이션을 그린다. 마지막으로,

세상을 향한 종합선물세트를 위한 광고문도 만들어 본다. 자신의 꿈을 이룬 것으로 가정하여 광고문을 쓰다 보면 자연스럽게 자신감이 충만해진다.

세상을 향한 종합선물세트 '홈런왕 딩구'
홈런왕 딩구는 세상에서 가장 재미있고 흥미로운 야구 해설위원입니다.
홈런왕 딩구의 해설을 들으면 귀에 쏙쏙 들어올 뿐 아니라 해설위원이 훈남으로 생겨서
얼굴을 바라보는 재미도 있어요~. 아마 야구 자체보다 해설이 더 재미있으실걸요~.
홈런왕 딩구 많은 시청 바랍니다. 야구 전용 방송에서 9시 30분에 시작합니다.

이 활동은 집단 혹은 소그룹에서 사용한다. 이 작업은 자신을 존중해 주었던 사람들의 사진을 찍어 오는 것이다. 사진을 찍을 수 없으면 사진첩에서 찾거나 본인에게 직접 사진을 달라고 요청할 수도 있다. 만약 유명인이라면 잡지나 인터넷에서 찾아 출력한다.

먼저, 자신을 가장 존중해 주었던 사람들을 떠올려 본다. 부모님이나 형제자매일 수도 있고 친척일 수도 있다. 친구나 이웃, 학교 선생님 혹은 학원 선생님일 수 있다. 이유가 다양하기 때문에 만나 보지 못한 유명인이나 애완동물 또한 자신을 존중해 주었던 회원에 들어올 수 있다. 자신을 존중해 주었던 우수 회원들을 모두 떠올렸다면 명단을 만든다.

회원 수첩에 그 사람들의 이름과 별칭을 적고 사진을 붙인다. 만약 집단 회원 중에 우수 회원이 있다면 즉석카메라를 이용해서 사진을 찍을 수 있다. 그다음 그들이 나를 존중해 주었던 이유나 상황, 경험에 대해 자세하게 적는다.

자신의 '우수 회원 수첩'을 완성하면 다른 사람들에게 발표하고 돌아가며 인증 사인을 해 준다.

다음 활동은 나를 둘러싸고 있는 자연을 이해하고 자연과 나의 닮은 점을 찾는 작업이다. 보통 매체에 과의존하는 사람은 자연의 변화에 둔감하며 자연을 즐기는 행동이 적다. 이 작업은 자연에 관심을 갖고 자연의 속성과 자신의 비슷한 점을 찾으면서 자연을 가장 잘 느꼈던 때가 언제인지 찾아본다.

먼저, 자연에는 어떤 종류들이 속해 있는가 함께 찾아서 목록을 만들어 본다. 의외로 자연에 대한 이해가 많지 않다는 것을 발견하게 된다.

해, 달, 별, 바람, 눈, 비, 구름, 천둥, 번개,
가뭄, 홍수, 태풍, 지진, 해일, 폭설, 산사태 …

서로 도와서 자연의 종류를 찾아가며 자연의 속성에 대해 이야기를 나눠 본다. 자연의 속성은 어떤 점이 이롭고 어떤 점이 불편함을 주는지 생각해 본다.

그다음 자신이 자연을 가장 가깝게 느꼈던 때를 기억해서 이야기를 나눠 본다. 가장 좋아하고 오래 기억에 남은 자연은 무엇일까? 아이들이 추억하는 자연에 대해 이야기하다 보면 좋았던 기

억, 좋았던 사람이나 관계에 대한 기억을 같이 떠올릴 것이다. 상담사는 이런 예외적인 상황과 관련된 기억이 오래 기억될 수 있도록 신경을 써야 한다.

나와 가장 닮은 자연은 무엇이고 그 이유는 무엇인지 각 자연의 속성과 나의 닮은 점을 찾아서 이야기를 나눠 본다.

> "저는 평상시에 산들바람 같아요. 눈에 잘 보이지 않지요.
> 그러다가 무언가의 힘에 이끌리면 태풍처럼 거세져요.
> 제가 유튜브에 몰두할 때면 태풍 같다고 느껴져요.
> 걷잡을 수 없고 결국은 혼나야만 끝낼 수 있거든요. 멈추기가 쉽지 않아요."

이 활동을 통해 자연과 얼마나 가까워졌으며 앞으로 자연과 친구가 될 수 있게 어떤 방법을 사용할 수 있을지 이야기를 나눠 본다. 마지막으로, 내가 자연을 칭찬하고 나의 친구인 자연은 나의 어떤 점을 칭찬할지 자연이 되어 말을 해 본다 김유숙, 최지원, 유승림, 2018.

> "안녕. 나는 해야. 내가 아침마다 떠오를 때면 넌 언제나
> 잠에서 깨어 학교에 걸어가곤 했지. 내가 떠 있는 동안 열심히 살아 줘서 고마워.
> 내가 너로 인해 살아 있음을 느낄 수 있었어."

이 활동은 집단 혹은 소그룹에서 사용한다. 이 활동은 창의적인 활동으로 자신이 속한 세대를 이해하고 자연스럽게 영향을 받고 사는 자신의 모습과 역할에 대해 탐색해 본다. 이 과정을 가사로 적어서 함께 노래를 만들어 본다. 노래는 기존의 노래를 사용하고 가사만 바꾸는 것이다.

활동을 시작하며 세대를 나타내는 용어들을 설명해 준다. 베이비 붐 세대, X세대, N세대 등 그 시대를 나타내는 대표 용어들이 있다.

"N세대는 net의 줄임말로 1977년에서 1997년 사이에 출생하여 디지털 기술과 함께 자라 디지털 기기를 능숙하게 사용할 줄 아는 네트워크 세대, TV보다 컴퓨터를 좋아하고 전화보다 e-메일을 익숙해하는 세대"

나는 어떤 세대에 속하는지 친구들과 함께 토론해 본다. 세대 이름은 마음껏 정해 볼 수 있다. 이름을 정하면서 자신이 그렇게 이름 지은 이유를 말해 본다. 이 활동을 통해 학생들은 자신에게 영향을 준 사회에 대해, 특히 강한 문화적 영향에 대해 알 수 있다.

토론을 통해 세대의 이름을 정하고 나면 우리 세대를 가장 잘 표현해 줄 노래를 선정한다. 먼저 노래의 장르를 선택한 후 그 노래의 음에 맞게 가사를 다시 개작해 본다.

이 과정은 모두 집단 속에서 토론과 합의를 통해 이루어지는 것으로 자신의 의견을 말해 보는 경험과 의견을 조율하는 과정을 함께 경험할 수 있다. 청소년은 문화적 매체에 익숙하기 때문에 이 작업을 매우 즐겁게 할 수 있으므로 시간에 여유를 두고 2회기 정도로 나누어 작업을 진행할 수도 있다.

이 시대의 청소년은 아이돌 노래뿐 아니라 랩도 즐겨 하는 문화이므로 음악 장르는 함께 의논하여 자신이 선호하는 장르로 선택하는 것이 바람직하다.

Exploration(탐색) | **자전거 여행** 은유를 통한 내러티브 작업

이 활동은 집단 혹은 소그룹에서 사용한다. 이 작업은 자전거 여행 내러티브 은유다. 먼저 자전거 여행의 이야기를 시각적으로 머릿속에 그릴 수 있게 들려준다. 조용한 음악을 배경으로 깔고 눈을 감은 뒤 시작하면 정서가 이완되어 집중하기 더욱 좋다. 그런 후 자전거 내러티브 은유를 사용하여 질문을 하고 답을 해 간다.

"당신은 자전거 여행을 떠나고 있어요. 시원한 바람이 머릿결을 쓸어내리고 햇살은 따뜻해요. 천천히 페달을 돌려서 시골길을 달려가요. 길 옆에는 코스모스가 피어 있고 푸른 잔디는 눈을 시원하게 만들어 주네요. 강아지는 꼬리를 흔들며 지나가고 공기는 시원해서 나는 풍경을 즐기고 있어요. 그런데 점점 검은 구름이 몰려와요. 나는 페달을 빠르게 밟기 시작해요. 곧 소나기라도 올 것 같아서 몸을 앞으로 구부리고 손잡이를 부여잡고 빠르게 페달을 밟아요. 비가 내리기 시작하면서 땅은 금세 축축하게 젖고 진흙탕 바닥에서 자전거 타기는 점점 힘들어지네요. 열심히 페달을 돌려 언덕 위로 올라갔어요. 다리는 아프고 배는 고파지네요. 비는 더 거세게 오기 시작했고 반대편 언덕 내리막길로 내려가려 할 때 브레이크가 작동하지 않아요. 나는 손잡이를 꽉 붙들었어요. 언제 멈출지 모르겠어요. 천둥소리가 귀에 크게 울렸고 번개는 옆 나무를 쳤어요. 브레이크는 말을 듣지 않았고 자전거 속도가 절정에 다다랐네요. 결국 꽝! 돌에 걸려 자전거는 쓰러졌어요."

....

1. 이런 위험천만한 자전거 여행이 떠오르는 나의 경험이 있나요?
2. 자전거 여행 이야기는 여러분의 매체 의존 행동과 어떤 점이 비슷한가요?
3. 이런 위험천만한 자전거 여행에 대해 나의 가족들은 어떻게 생각할까요?
4. 이런 자전거 여행을 했던 사람이 또 다시 무모하게 자전거 여행을 하려고 할 때 나는 어떤 이야기를 해 줄 수 있을까요?
5. 어디서 어떤 도움을 구하고 받을 수 있을까 생각해 봅시다.

....

 Restart (재시작) 지도 만들기 미술 활동

내가 가고자 하는 목적지를 정한다. 나의 꿈은 무엇인가? 꿈은 꼭 직업을 의미하지 않는다. 나는 어떤 사람으로 어떤 삶을 살고 싶은지 이야기를 나눠 본다.

도화지에 꿈을 적는다. 꿈이 목적지가 되어 지도를 그려 나간다. 이것은 내 인생의 로드 맵이다. 꿈을 향해 가는 길과 이정표, 길에서 쉴 수 있는 휴게소 등을 표시할 수 있다. 지도에는 꿈을 향해 나아갈 때 도와줄 수 있는 사람들과 자원들도 써 넣는다.

나에게 필요한 자동차나 가스, 전등이나 배낭 등은 무엇이 될 수 있을까? 은유적으로 표현하면서 내가 꿈을 이루는 데 필요한 목록들을 생각해 보고 세부적인 계획을 세워 본다.

지금까지 인터넷 매체에 과의존하는 자녀를 위해 가정에서 자녀와 함께할 수 있는 놀이와, 전문적인 프로그램으로 개입할 때 혹은 좀 더 목적성을 가지고 만날 때 유용하게 사용할 수 있는 방법들을 소개하였다. 이 프로그램이나 놀이의 진행 과정에서의 핵심은 '친밀감'이다. 사람 관계에서 나 자신과의 친밀감, 다른 사람과의 친밀감을 경험하게 되면 매체에 몰두하거나 의존하는 행동이 줄어들 수 있다. 기대감을 갖고 아이들과 친밀감을 형성해 보자. 부모─자녀 관계라고 절대 친밀감이 저절로, 그것도 공짜로 생기지 않는다. 모든 관계는 정성과 시간을 필요로 하기 때문이다.

부록

1. 인터넷(스마트폰) 과의존 체크리스트 및 채점 방법

유 · 아동 인터넷(스마트폰) 과의존 체크리스트

유 · 아동(만 3~9세) 관찰자만 응답					유 · 아동용 (양육자가 체크해 주세요.)	
항목	전혀 그렇지 않다	그렇지 않은 편이다	그렇다	매우 그렇다		
1. 스마트폰 이용에 대한 부모의 지도를 잘 따른다.	④	③	②	①	조절 실패 점수	
2. 정해진 이용 시간에 맞춰 스마트폰 이용을 잘 마무리한다.	④	③	②	①		
3. 이용 중인 스마트폰을 빼앗지 않아도 스스로 그만둔다.	④	③	②	①	————	
4. 항상 스마트폰을 가지고 놀고 싶어 한다.	①	②	③	④	현저성 점수	총점
5. 다른 어떤 것보다 스마트폰을 갖고 노는 것을 좋아한다.	①	②	③	④		
6. 하루에도 수시로 스마트폰을 이용하려 한다.	①	②	③	④	————	————
7. 스마트폰 이용 때문에 아이와 자주 싸운다.	①	②	③	④	문제적 결과 점수	
8. 스마트폰을 하느라 다른 놀이나 학습에 지장이 있다.	①	②	③	④		
9. 스마트폰 이용으로 인해 시력이나 자세가 안 좋아진다.	①	②	③	④	————	

청소년·성인 인터넷(스마트폰) 과의존 체크리스트

청소년(만 10~19세), 성인(만 20~59세), 60대(만 60~69세) 응답					청소년·성인용 (자녀와 부모가 함께 체크해 보세요.)	
항목	전혀 그렇지 않다	그렇지 않은 편이다	그렇다	매우 그렇다		
1. 스마트폰 이용시간을 줄이려 할 때마다 실패한다.	①	②	③	④	조절 실패 점수	
2. 스마트폰 이용시간을 조절하는 것이 어렵다.	①	②	③	④		
3. 적절한 스마트폰 이용 시간을 지키는 것이 어렵다.	①	②	③	④	_____	
4. 스마트폰이 옆에 있으면 다른 일에 집중하기 어렵다.	①	②	③	④		
5. 스마트폰 생각이 머리에서 떠나지 않는다.	①	②	③	④	현저성 점수	총점
6. 스마트폰을 이용하고 싶은 충동을 강하게 느낀다.	①	②	③	④	_____	
7. 스마트폰 이용 때문에 건강에 문제가 생긴 적이 있다.	①	②	③	④		_____
8. 스마트폰 이용 때문에 가족과 심하게 다툰 적이 있다.	①	②	③	④		
9. 스마트폰 이용 때문에 친구 혹은 동료, 사회적 관계에서 심한 갈등을 경험한 적이 있다.	①	②	③	④	문제적 결과 점수	
10. 스마트폰 때문에 업무(학업 혹은 작업 등) 수행에 어려움이 있다.	①	②	③	④	_____	

유 · 아동 인터넷(스마트폰) 과의존 결과 산출 방법

채점 방법	[1단계] 문항별	전혀 그렇지 않다: 1점, 그렇지 않다: 2점, 그렇다: 3점, 매우 그렇다: 4점 ※ 단, 문항 1~3번은 다음과 같이 역채점 실시 　[전혀 그렇지 않다: 4점, 그렇지 않다: 3점, 그렇다: 2점, 매우 그렇다: 1점]	
	[2단계] 총점 및 요인별	총점 ▶ ① 1~9번 합계 요인별 ▶ ② 1요인 조절 실패(1, 2, 3번) 합계 　　　③ 2요인 현저성(4, 5, 6번) 합계 　　　④ 3요인 문제적 결과(7, 8, 9번) 합계	
결과	유 · 아동	고위험군	총점 ▶ 28점 이상
		잠재적위험군	총점 ▶ 24점 이상~27점 이하
		일반군	총점 ▶ 23점 이하

청소년 · 성인 인터넷(스마트폰) 과의존 결과 산출 방법

채점 방법	[2단계] 문항별	총점 ▶ ① 1~10번 합계 요인별 ▶ ② 1요인 조절 실패(1, 2, 3번) 합계 　　　③ 2요인 현저성(4, 5, 6번) 합계 　　　④ 3요인 문제적 결과(7, 8, 9, 10번) 합계	
결과	청소년	고위험군	총점 ▶ 31점 이상
		잠재적위험군	총점 ▶ 23점 이상~30점 이하
		일반군	총점 ▶ 22점 이하
	성인	고위험군	총점 ▶ 29점 이상
		잠재적위험군	총점 ▶ 24점 이상~28점 이하
		일반군	총점 ▶ 23점 이하

출처: 한국정보화진흥원(2017).

2. 내 자녀 또는 내가 속한 그룹 찾아보기

		유·아동	청소년·성인
과의존위험군	고위험군	• 스마트폰 사용에 대한 부모의 통제에 저항 • 일상생활의 상당 시간을 스마트폰 사용에 소비하여 부모-자녀 갈등이나 일상의 놀이/학습 문제, 신체 건강 문제 등이 심각하게 발생한 상태	• 스마트폰 사용에 대한 통제력을 상실한 상태 • 일상생활의 상당 시간을 스마트폰 사용에 소비하고 있으며 그로 인해 대인관계 갈등이나 일상의 역할 문제, 건강 문제 등이 심각하게 발생한 상태
	잠재적위험군	• 스마트폰 사용에 대한 부모의 통제를 따르지 않는 양상이 종종 관찰됨 • 부모-자녀 갈등이나 일상의 놀이/학습 문제가 발생하기 시작한 단계	• 스마트폰 사용에 대한 조절력이 약화된 상태 • 이용 시간이 증가하여 대인관계 갈등이나 일상의 역할에 문제가 발생하기 시작한 단계
일반군		• 부모의 통제에 따라 스마트폰 사용 시간이 조절되고 있어서 갈등이 없음 • 일상생활의 주요 활동이 스마트폰으로 인해 훼손되는 문제가 발생하지 않는 상태	• 스마트폰을 조절된 형태로 사용 • 일상생활의 주요 활동이 스마트폰으로 인해 훼손되는 문제가 발생하지 않는 상태

출처: 한국정보화진흥원(2017).

3. 부모 양육태도 체크리스트

인터넷을 통해 'Baumrind의 부모양육태도검사'를 검색하여 실시할 수 있다.

김유숙(2014). 가족치료 이론과 실제. 서울: 학지사.

김유숙, 최지원, 유승림(2018). 멋진세상(내러티브 치료 자기성장 보드게임). 서울: 인싸이트.

나용선(2013). 부모 양육태도가 유아 스마트폰 중독에 미치는 영향. 한국유아교육 · 보육복지연구, 17, 32-53.

박성은, 임선아(2016). 인터넷 중독에 영향을 미치는 요인들의 메타분석. 교육심리연구, 30(3), 497-534.

이현정, 김세경, 천성문(2016). 부모자녀관계 변인과 청소년 인터넷 및 스마트폰 중독과의 관련성에 대한 메타분석. 재활심리연구, 23(2), 329-348.

한국정보화진흥원(2016). 2016년 인터넷 과의존 실태조사 최종보고서. 서울: 과학기술정보통신부, 한국정보화진흥원.

한국정보화진흥원(2017). 2017년 스마트폰 과의존 실태조사. 서울: 과학기술정보통신부, 한국정보화진흥원.

Ainsworth, M., Blehar, M., Waters, E., & Wall, S. (1978). *Patterns of*

attachment: *Observations in the Strange Situation and at home.*
Hillsdale, NJ: Erlbaum.

American Psychiatric Association. (2013). *Diagnostic and statistical
manual of mental disorders(DSM-5®).* American Psychiatric Pub.

Bowlby, J. (1958). The nature of the child's tie to his mother. *The
International journal of psycho-analysis, 39,* 350.

Csikszentmihalyi, M. (1997). *Finding flow* (Vol. 131). New York: Basic
Books.

Csikszentmihalyi, M. (2008). 몰입의 즐거움(*Finding flow*). (이희재 역). 서
울: 해냄.

Erikson, E. H. (1963). *Childhood and society.* (2nd ed.). New York:
WW.

Holmes, J. (2005). 존 볼비와 애착이론(*John Bowlby & attachment theory*).
(이경숙 역). 서울: 학지사.

Mischel, W. (2015). 마시멜로 테스트: 스탠퍼드대학교 인생변화 프로젝트
(*Marshmallow test: mastering self-control*). (안진환 역). 서울: 한국
경제신문.

Mischel, W., Ebbesen, E. B., & Zeiss, A, B. (1972). Cognitive and
attentional mechanism in delay of gratification. *Journal of
personality & social psychology, 21,* 204-218.

Mischel, W., Shoda, Y., & Peake, P. K. (1988). The nature of adolescent
competencies predicted by preschool delay of gratification. *Journal
of personality and social psychology, 54*(4), 687.

Young, K. S. (1998). Caught in the net: *How to recognize the signs of
internet addiction-and a winning strategy for recovery.* John Wiley
& Sons.

두산백과. http://www.doopedia.co.kr/

동아일보(2014). 스티브 잡스, 자녀에게 "집에서 아이패드 쓰지마" 왜?
　　http://news.donga.com/3/01/20140912/66348028/1
중앙일보(2016). 게임패널 심포지엄 "게임과몰입, 이용시간보다 자기통제
　　능력 높여야". https://news.joins.com/article/19971557

찾아
보기

저자 소개

김유숙

일본 동경대학교 의학부 보건학박사(임상심리 전공)

현 서울여자대학교 교육심리학과 명예교수

　　한스카운셀링센터 소장

최지원

서울여자대학교 교육심리학과 문학박사(상담 및 임상심리 전공)

현 한스카운셀링센터 부소장

홍예영

서울여자대학교 교육심리학과 문학박사(상담 및 임상심리 전공)

현 한스카운셀링센터 상담연구원

| 아동과 청소년 문제해결 시리즈 5 |

 인터넷에 매달리는 아동 · 청소년 • 인터넷 매체에 매달리는 아이를 어떻게 도울 것인가? •

초판 1쇄 발행 2019년 5월 10일

지은이 김유숙 · 최지원 · 홍예영
발행인 김진환

발행처 (주)학지사

임프린트 이너북스 주소 서울특별시 마포구 양화로 15길 20 마인드월드빌딩
대표전화 02)330-5114 팩스 02)324-2345
출판신고 제313-2006-000238호
홈페이지 http://www.hakjisa.co.kr

ISBN 978-89-92654-49-4 03180

출판 · 교육 · 미디어기업 학지사

간호보건의학출판 학지사메디컬 www.hakjisamd.co.kr
심리검사연구소 인싸이트 www.inpsyt.co.kr
학술논문서비스 뉴논문 www.newnonmun.com
원격교육연수원 카운피아 www.counpia.com